DAS UNVERZICHTBARE RISOTTO-KOCHBUCH

100+ EINFACHE & LECKERE RISOTTO-REZEPTE FÜR ZU HAUSE

BELLA BECK

Alle Rechte vorbehalten.

Haftungsausschluss

Die in diesem eBook enthaltenen Informationen sollen als umfassende Sammlung von Strategien dienen, über die der Autor dieses eBooks recherchiert hat. Zusammenfassungen, Strategien, Tipps und Tricks sind nur Empfehlungen des Autors, und das Lesen dieses eBooks garantiert nicht, dass die Ergebnisse genau die Ergebnisse des Autors widerspiegeln. Der Autor des eBooks hat alle zumutbaren Anstrengungen unternommen, um den Lesern des eBooks aktuelle und genaue Informationen bereitzustellen. Der Autor und seine Mitarbeiter haften nicht für unbeabsichtigte Fehler oder Auslassungen, die möglicherweise gefunden werden. Das Material im eBook kann Informationen von Dritten enthalten. Materialien von Drittanbietern enthalten Meinungen, die von ihren Eigentümern geäußert wurden. Daher übernimmt der Autor des eBooks keine Verantwortung oder Haftung für Materialien oder Meinungen Dritter.

Das eBook ist urheberrechtlich geschützt © 2021 mit allen Rechten vorbehalten. Es ist illegal, dieses eBook ganz oder teilweise weiterzugeben, zu kopieren oder abgeleitete Werke daraus zu erstellen. Kein Teil dieses Berichts darf ohne die schriftliche ausdrückliche und unterzeichnete Genehmigung des Autors in irgendeiner Form reproduziert oder erneut übertragen werden.

INHALTSVERZEICHNIS

INHALTSVERZEICHNIS **4**

EINLEITUNG **8**

    Wie macht man ein Risotto 8
    Risotto umrühren 9
    Welchen Risottoreis verwenden 9
    Wie viel Risottoreis verwenden 10
    So stellen Sie ein perfektes Risotto sicher: 10

SCHWEINERISOTTO **13**

    1. Erbsen-Schinken-Risotto 14
    2. Schinken-Spargel-Risotto primavera 18
    3. Speck-Tomaten-Risotto 22
    4. Pancetta-Risotto mit Radicchio 25
    5. Wurstrisotto mit Radicchio 29
    6. Kastanienrisotto mit Kräutern 32
    7. Ciao meins Risotto 36
    8. Italienisches Wurstrisotto 39
    9. Risotto-Oregon-Haselnuss-Wurst 42
    10. Kürbisrisotto 45

RINDFLEISCH-LAMM-RISOTTO **49**

    11. Kalbsfüße mit Safranrisotto 50
    12. Gegrilltes Rindfleisch & Rosinenrisotto 53
    13. Gebackenes Bolognese-Risotto 57
    14. Risotto mit Lammauflauf 61
    15. Osso Buco con Risotto 65
    16. Rinderfilet-Lauch-Risotto 68

GEFLÜGELRISOTTO **72**

17. Hühnchenrisotto mit Grünkohl 73
18. Kürbisrisotto mit Ente 77
19. Hähnchenrisotto mit Parmesan 81
20. Gerstenrisotto mit Hühnchen 85
21. Risotto mit schmutzigem Reis 88
22. Risotto von Entenleber 91

GEMÜSERISOTTO 96

23. Gemüserisotto 97
24. Butternusskürbis-Risotto 101
25. Cheddar-Frühlingszwiebel-Risotto 104
26. Rote-Bete-Risotto 108
27. Zucchinirisotto 111
28. Gemüserisotto verde 115
29. Knoblauchrisotto mit Wachtel 118
30. Artischockenrisotto 123
31. Safranrisotto 126
32. Orzo-Risotto mit Cavolo Nero 130
33. Bulgur-Risotto-Mix 133
34. Gemüserisotto im Herbst 135
35. Fenchelrisotto mit Pistazien 140
36. Spinat-Tofu-Risotto 144
37. Risotto mit Honig und gerösteter Gerste 147
38. Kräuter-Süßkartoffelrisotto 150
39. Mikrowellen-Risotto 153
40. Japanisches Risotto mit Pilzen 156
41. Frühlingsgemüserisotto 159
42. Balsamico-Risotto 163
43. Heidelbeerrisotto mit Steinpilzen 166
44. Karotten-Brokkoli-Risotto 169
45. Pfifferlingrisotto 173

PILZ RISOTTO 176

46. Steinpilz-Trüffel-Risotto 177

47. Puschlaver Risotto 180
48. Risotto with champagne 184
49. Mushroom risotto with pecorino 188
50. Wild rice & mushroom risotto 192
51. Mushroom & spinach risotto 196
52. Risottokuchen mit Pilzen 199
53. Risotto mit Eiern und Sojasprossen 203
54. Tomatenrisotto & Champignons 207
55. Spargel-Pilz-Risotto 211
56. Risotto mit Herbstgemüse 215

VEGANES RISOTTO 219

57. Veganes Risotto 220
58. Vegan mushroom risotto 224
59. Dinkelrisotto mit Champignons 230
60. Courgette & Pea Risotto 234
61. Leek & parmesan risotto 237
62. Cabbage risotto 240

SEAFOOD RISOTTO 243

63. Prawn Risotto with Scallops 244
64. Crab risotto with spinach and peas 247
65. Heißgeräuchertes Lachsrisotto 252
66. Krabbenrisotto mit brauner Butter 255
67. Mussel risotto 259
68. Shellfish risotto 263
69. Cajun style shrimp risotto 269
70. Krabbenkuchen & Frühlingszwiebelrisotto 272
71. Salmon risotto 277
72. Langustenrisotto 282
73. Gegrilltes Rosmarin-Fisch-Risotto 285
74. Graubarbenrisotto 289
75. Curry-Hummer-Risotto 293
76. Risotto mit Krabbenfleisch 297

77. Garnelen & süßes Cicely-Risotto 300
78. Risotto mit Calamari 305
79. Monkfish risotto with saffron 310
80. Risotto marinara 313
81. Risotto scampi 317

CHEESE RISOTTO 320

82. Cheesy corn risotto bake 321
83. Iotian risotto 324
84. Couscous risotto with pecorino 327
85. Risotto milanese 330
86. Three cheese risotto 334
87. Jalapeño risotto with jack cheese 337
88. Risotto with four cheeses 340
89. Leek and mascarpone risotto 343
90. Pesto walnut risotto 346
91. Eight-herb risotto 349
92. Sparkling white wine risotto 352

FRUIT RISOTTO 356

93. Apple risotto 357
94. Mango risotto 360
95. Strawberry risotto 364
96. Strawberry risotto pancakes 367
97. Pumpkin and apple risotto 371
98. Orange flavoured risotto 375
99. Risotto mit Pfirsich und Rosinen 378
100. Zitrusrisotto 382

FAZIT 385

EINLEITUNG

Wie macht man ein Risotto

Die Basis von Risotto ist unglaublich einfach, nur fein gehackte Zwiebeln, die sanft in Butter oder Öl gekocht werden, bis sie weich sind. Der Reis wird dann geworfen und mit den Zwiebeln und dem Fett geröstet, um die Reiskörner zu erhitzen, bevor die Flüssigkeit hinzugefügt wird.

Wein und Brühe verleihen dem Reis den größten Teil seines Geschmacks, also verwenden Sie einen anständigen Weißwein (einen, den Sie gerne den Rest der Flasche trinken würden). Wenn Sie selbstgemachte Brühe haben, ist das ideal, aber machen Sie sich keine Sorgen, wenn nicht. Es gibt viele gute, vorgefertigte Lager und Lagerbasen zum Ausprobieren. Es ist am besten, die Brühe vor dem Hinzufügen niedrig zu köcheln, da dies hilft, den Reis zu kochen, auch wenn die Temperatur nicht ständig sinkt.

Es ist wirklich wichtig, das Risotto richtig zu beenden. Sobald der Reis gekocht ist (er sollte noch ein wenig Biss haben, aber nicht kalkhaltig sein), wird geriebener Parmesan und Butter untergerührt, dann lässt man das Risotto 2 Minuten ruhen, damit alle Zutaten miteinander verschmelzen.

Risotto umrühren
Das ständige Rühren, das wir mit Risotto verbinden, hat einen guten Grund. Dieses Rühren bedeutet, dass die Reiskörner aneinander reiben, was dazu beiträgt, die Stärke aus den Körnern in die Brühe für das klassische, schleimige Finish freizugeben. Verwenden Sie dafür am besten eine breite, tiefe Brat- oder Bratpfanne, da Sie so den Reis in Bewegung halten können und die breite Oberfläche der Flüssigkeit die Möglichkeit gibt, gleichmäßig zu verdunsten.

Welchen Risottoreis verwenden
Risotto verwendet einen Rundkornreis aus Italien. Die drei gängigsten Sorten sind Arborio, Carnaroli und Vialone Nano, die je nach Region verwendet werden. Risottoreis hat einen bestimmten Charakter, das

bedeutet, dass er beim Kochen seine Form behält, aber viel Stärke von der Oberfläche abgibt.

Wie viel Risottoreis verwenden
Sie benötigen zwischen 50-75 g Reis pro Person, je nachdem, ob Sie eine kleine Schüssel als Vorspeise oder eine größere Hauptportion servieren.

So stellen Sie ein perfektes Risotto sicher:

- Verwenden Sie Arborio-Reis und waschen Sie ihn niemals.

- Verwenden Sie einen breiten Topf mit schwerem Boden. Decken Sie den Topf niemals ab.

- Ihr Risotto ist nur so gut wie die Brühe, die Sie verwenden, also achten Sie darauf, dass es reich und aromatisch ist. Nicht-Vegetarier können mit Scheck- und Rinderbrühen experimentieren.

- Fügen Sie die Brühe eine Schöpfkelle nach der anderen hinzu. Lassen Sie die Flüssigkeit in der Pfanne nicht vollständig verdampfen, bevor Sie mehr hinzufügen. Halten Sie die Hitze unter dem Reis auf mittlerer und die Flüssigkeit auf einem schnellen Köcheln.

- Lasse einen Topf mit Brühe auf dem Herd köcheln und gib jedes Mal eine Schöpfkelle hinzu, wenn der Reis den größten Teil der Flüssigkeit aufgenommen zu haben scheint. Sie werden wahrscheinlich nicht die gesamte Brühe verwenden, die in jedem Rezept erforderlich ist, aber es ist besser, zusätzliche Brühe zu erhitzen, als Gefahr zu laufen, nicht genug zu haben.

- Häufig umrühren, besonders wenn der Reis fast fertig ist. Sie müssen jedoch nicht vor dem Topf stehen und ständig umrühren, während das Risotto kocht.

- Der Reis sollte fest, aber zart sein und keinen harten Kern haben.

- Das Risotto vom Herd nehmen, sobald es gar ist. Sofort servieren.

Mit ein bisschen Know-how (und etwas beruhigendem, meditativem Rühren) ist ein cremiges, umami-reiches Risotto mit perfekt gekochtem Reis garantiert. So meistern Sie dieses klassische Gericht und bereiten unser bestes Meeresfrüchte-Risotto zu.

SCHWEINERISOTTO

1. Erbsen-Schinken-Risotto

Für 4

Zutaten:

- ungeräucherter Schinken Hock 1kg
- Karotte, Zwiebel und Selleriestange je 1 Stück, gehackt
- Strauß garni 1
- schwarze Pfefferkörner 1 Teelöffel

Risotto

- glatte Petersilie ein kleiner Bund, Blätter und Stängel gehackt
- Butter 2 Esslöffel
- Olivenöl 2 Esslöffel
- Zwiebel 1 groß, gewürfelt
- Knoblauch 2 Zehen, zerdrückt
- Risottoreis 300g
- Weißwein 150ml
- gefrorene Erbsen 400g
- Parmesan 50g, gerieben

Richtungen:

a) Die Sprunggelenke waschen und mit der restlichen Brühe sowie den Petersilienstängeln vom Risotto in einen großen Topf geben.

b) Mit gerade abgekochtem Wasser bedecken und 3-4 Stunden zugedeckt köcheln lassen, dabei aufsteigende Verunreinigungen abschöpfen und bei Bedarf nachfüllen, bis sich das Fleisch vom Knochen löst. Das Sprunggelenk aus der Flüssigkeit nehmen und etwas abkühlen.

c) Die Brühe abseihen und abschmecken (es sollten 1,5 Liter sein) – sie sollte ziemlich salzig und mit viel Aroma sein. Bei schwacher Hitze in eine Pfanne geben.

d) 1 EL Butter und Öl in einer tiefen Pfanne bei mittlerer Hitze erhitzen. Die Zwiebel 10 Minuten braten, bis sie weich ist. Knoblauch einrühren, 1 Minute braten, dann den Reis hinzufügen und 2-3 Minuten kochen lassen, um den Reis zu toasten.

e) Gießen Sie den Wein hinzu und sprudeln Sie, bis er fast aufgebraucht ist, dann fügen Sie die Brühe hinzu, eine Kelle nach der anderen, und rühren Sie regelmäßig 20-25 Minuten lang oder bis der Reis zart und cremig ist.

f) Die Haut des Schinkens entfernen, das Fleisch zerkleinern und die Knochen entsorgen.

g) Den Großteil des Schinkens und alle Erbsen unter das Risotto rühren. Rühren, bis die Erbsen weich sind. Vom Herd nehmen, Parmesan und restliche Butter unterheben, zugedeckt 10 Minuten ruhen lassen.

h) Mit dem restlichen Schinken, einem Schuss Öl und der Petersilie bestreuen.

2. Schinken-Spargel-Risotto primavera

Für 6

Zutaten:

- Räucherschinken Hock 1, bei Bedarf über Nacht eingeweicht
- Karotte 1
- ungesalzene Butter 100g, gewürfelt
- Zwiebeln 3 mittelgroß, 2 fein gewürfelt
- Knoblauch 2 Zehen
- Thymian ein Zweig, fein gehackt
- Risottoreis 200g
- Graupen 200g
- Erbsen 150g
- Saubohnen 150g, doppelte Schote nach Belieben
- Spargelstangen 6, schräg geschnitten
- Frühlingszwiebeln 4, schräg geschnitten

- grüne Bohnen 20, in kurze Stücke geschnitten
- Mascarpone 100g
- Parmesan 85g, gerieben

Richtungen:

a) Den Schinken mit der Karotte und der halbierten Zwiebel in einen Topf mit sauberem, kaltem Wasser geben.

b) Zum Köcheln bringen und 2 $\frac{1}{2}$ Stunden kochen lassen, dabei die Oberfläche ab und zu abschöpfen. Füllen Sie die Pfanne bei Bedarf mit Wasser auf.

c) Die Butter in einer schweren Pfanne schmelzen und Zwiebel, Knoblauch und Thymian dazugeben. Kochen, bis es weich, aber nicht gefärbt ist.

d) Den Reis und die Graupen hinzufügen und einige Minuten kochen lassen, bis sie mit Butter überzogen sind. Fügen Sie nach und nach die Brühe aus Schinken und Gemüse hinzu und rühren Sie um.

e) Nach etwa 15-20 Minuten Rühren und Köcheln haben Sie fast die gesamte Brühe aufgebraucht. Probieren Sie Ihr Risotto und wenn Sie mit der Textur zufrieden sind, nehmen Sie das Risotto vom Herd, aber halten Sie es nah.

f) Kochen Sie einen Topf mit Wasser und blanchieren Sie das gesamte grüne Gemüse außer den Frühlingszwiebeln 30 Sekunden lang. Abgießen und in das Risotto geben.

g) Risotto wieder bei mittlerer Hitze erhitzen und Gemüse, Frühlingszwiebeln und Schinken unterrühren und alles erhitzen und würzen. Mascarpone und geriebenen Parmesan unterrühren und servieren.

3. Speck-Tomaten-Risotto

Für 2

Zutaten:

- Öl zum braten
- Zwiebel 1, fein gehackt
- Knoblauch 1 Zehe, zerdrückt
- Speck 4 Rückenscheiben, fein gehackt
- Risottoreis oder Carnaroli oder Arborio 200g
- Hühnerbrühe frisch, auf 1 Liter aufgefüllt
- Cherrytomaten 12, nach Belieben die Stiele entfernen

Richtungen:

a) Etwas Öl in einer weiten Pfanne erhitzen und die Zwiebel einige Minuten weich braten, den Knoblauch und die Hälfte des Specks dazugeben und alles zusammen anbraten.

b) Fügen Sie den Reis hinzu und rühren Sie gut um und fügen Sie dann die Brühe ein paar Schöpfkellen nacheinander hinzu).

c) In der Zwischenzeit eine weitere Pfanne mit etwas Öl erhitzen und den restlichen Speck mit den Tomaten bei starker Hitze bräunen. Zum Servieren über das Risotto geben.

4. Pancetta-Risotto mit Radicchio

Für 2

Zutaten:

- Butter 25g
- Olivenöl 2 Esslöffel
- Schalotten 4, fein gewürfelt
- geräucherter Pancetta 75g, gewürfelt
- Radicchio 1, ca. 225g
- Risottoreis 225g
- Hühnerbrühe 500-600ml
- Pancetta 4-6 Scheiben, in dünne Scheiben geschnitten
- Crème fraîche vollfett 2 Esslöffel
- Parmesan 25-50g, fein gerieben

Richtungen:

a) Butter und Olivenöl in einer kleinen Auflaufform schmelzen. Die Schalotten dazugeben und sanft braten, bis sie weich sind. Fügen Sie den gewürfelten Pancetta hinzu und kochen Sie unter

Rühren weiter, bis er fast knusprig ist. In der Zwischenzeit vom Radicchio die obere Hälfte abschneiden und zerkleinern. Schneiden Sie die untere Hälfte in dünne Keile, schneiden Sie die Wurzel ab, lassen Sie jedoch genug davon übrig, um die Keile zusammenzuhalten.

b) Den Reis in die Pfanne geben, ein bis zwei Minuten kräftig rühren, dann den geriebenen Radicchio und eine Schöpfkelle Brühe hinzufügen. Leicht köcheln lassen, dabei von Zeit zu Zeit umrühren und mehr Brühe hinzufügen, wenn sie absorbiert ist.

c) In der Zwischenzeit eine gusseiserne Grillpfanne erhitzen und die Radicchio-Wedges von beiden Seiten anbraten, sodass sie leicht verkohlt sind. Herausnehmen und beiseite stellen.

d) Eine Bratpfanne erhitzen und die Pancettascheiben trocken braten, bis das Fett goldbraun wird. Aus der Pfanne nehmen und beiseite stellen – sie werden knusprig.

e) Wenn der Reis fast gar ist, aber noch einen guten Biss hat (ca. 20 Minuten), nachwürzen, die Hitze ausschalten, die Crème fraîche und die zusätzliche Butter hinzufügen, gut umrühren, den Deckel auf die Kasserolle legen und 5 Minuten ziehen lassen . Kurz vor dem Servieren die gegrillten Radicchio-Wedges unterrühren.

f) Jeden Teller mit knusprigem Pancetta und Parmesan belegen.

5. Wurstrisotto mit Radicchio

Für 4

Zutaten:

- scharfe Wurst 175g (am besten italienisch, erhältlich im Feinkostladen)
- Olivenöl 6 Esslöffel
- Zwiebel 1 klein, fein gehackt
- Knoblauch 2 Zehen, fein gehackt
- Arborio-Reis 200g
- Italienischer Rotwein 500ml
- Hühnerbrühe 500ml
- Radicchio 1 kleiner Kopf (ca. 175g), geputzt und in Scheiben geschnitten
- Butter 25g
- Parmesan 30g, plus mehr zum Servieren

Richtungen:

a) Die Wurst häuten, dann in etwa walnussgroße Stücke schneiden und zu Kugeln rollen. Olivenöl in einer breiten, schweren Pfanne erhitzen, die Wurst dazugeben und gut anbraten.

b) Fügen Sie die Zwiebel hinzu und kochen Sie, bis sie gerade weich ist. Fügen Sie den Knoblauch hinzu, kochen Sie 1 Minute lang, fügen Sie den Reis hinzu und rühren Sie um, um ihn mit den Säften zu überziehen. Den Wein nach und nach unter ständigem Rühren dazugeben und erst dann nachgießen, wenn die letzte Menge aufgesogen ist.

c) Nun die Brühe löffelweise unter ständigem Rühren hinzugeben. Es dauert etwa 25 Minuten, bis alles untergerührt ist. Nach etwa 15 Minuten den Radicchio hinzufügen und umrühren.

d) Vor dem Abschmecken abschmecken, Butter und Parmesan einrühren, dann mit etwas mehr Parmesan als Beilage servieren.

6. Kastanienrisotto mit Kräutern

Ausbeute: 6 Portionen

Zutaten

- 500 Gramm Kastanien
- 400 Gramm Reis
- 150 Gramm Würstchen
- 1 Frühlingszwiebel
- 2 Esslöffel Einzelcreme
- 20 Gramm Butter
- 70 Gramm Parmesankäse; Gerieben
- Lorbeerblatt
- Nelken
- Vorrat oder Vorratswürfel
- Salz

Richtungen:

a) Die Kastanien schälen und in leicht gesalzenem Wasser mit einem Lorbeerblatt und einigen Nelken kochen.

b) Wenn sie gut gekocht sind, nehmen Sie sie vom Herd und entfernen Sie die Innenhaut.

c) 15 der schönsten, ganzen Kastanien beiseite legen und die anderen durch ein Sieb reiben. Die sehr fein geschnittene Frühlingszwiebel in etwas Butter anbraten und das Kastanienpüree, die Sahne und den Reis dazugeben. Risotto mit der heißen Brühe kochen.

d) Nehmen Sie eine kleine Bratpfanne und braten Sie die zerbröckelte Wurst in der restlichen Butter einige Minuten an. Die ganzen beiseite gestellten Kastanien dazugeben, die Hitze auf die niedrigste Stufe reduzieren und kurz köcheln lassen.

e) Wenn der Reis fertig ist, mit Parmesankäse würzen, ringförmig auf einer runden Servierschale anrichten und die Wurst und ganze Kastanien mit ihrer Sauce in die Mitte geben.

7. Ciao meins Risotto

Ausbeute: 12 Portionen

Zutaten:

- 3 Tassen Weißwein
- 7 Unzen Schinken; Schinken
- 4 Esslöffel Butter; gesalzen
- 1 Prise Safran
- 1 Teelöffel Salz
- 7 Unzen Romano-Käse
- ½ Tasse gelbe Zwiebel
- 1 Teelöffel Knoblauch; gehackt
- 2 Pfund Reis; Risotto
- 3 Unzen Steinpilze; getrocknet
- 8 Tassen Hühnerbrühe
- 1 Zweig italienische Petersilie; gehackt

Richtungen:

a) Reduzieren Sie den Wein mit Safran, um den Geschmack und die Farbe des Safrans zu erhalten. Beiseite legen.

b) Getrocknete Steinpilze in $\frac{1}{2}$ Liter warmem Wasser einweichen. Abfluss. Die Flüssigkeit aufbewahren und die Pilze würfeln.

c) Zwiebeln und Champignons anbraten, Risottoreis, Hühnerbrühe und Weinmischung hinzufügen.

d) Zum Kochen bringen und im 350-Grad-Ofen 10 Minuten backen. Zum Abkühlen auf ein Blech verteilen.

e) Nehmen Sie eine Portion und fügen Sie einen Hauch von Brühe hinzu, um sie zu erhitzen und zu servieren. Mit gehackter italienischer Petersilie garnieren.

8. Italienisches Wurstrisotto

Ausbeute: 4 Portionen

Zutat

- ¾ Pfund italienische Wurstlinks; in 1-Zoll-Stücke schneiden
- 14½ Unzen Rinderbrühe
- 2 Unzen Pimiento; abgetropft, gewürfelt
- 1 Tasse ungekochter Reis
- ¼ Teelöffel Knoblauchpulver
- ⅛ Teelöffel Pfeffer
- 9 Unzen gefrorener geschnittener Brokkoli; aufgetaut
- 2 Esslöffel Parmesankäse; gerieben

Richtungen:

a) Die Wurst in einer großen Pfanne bei mittlerer Hitze 3 bis 5 Minuten kochen oder bis sie gut gebräunt ist, gelegentlich umrühren; Abfluss.

b) Rinderbrühe, Pimiento, Reis, Knoblauchpulver und Pfeffer hinzufügen. Zum Kochen bringen. Reduzieren Sie die Hitze auf niedrig; abdecken und 10 Minuten köcheln lassen.

c) Brokkoli einrühren; Startseite. Weitere 10 Minuten köcheln lassen oder bis die Flüssigkeit aufgesogen ist und der Brokkoli zart ist, dabei gelegentlich umrühren.

d) Mit Parmesankäse bestreuen. 4 (1-$\frac{1}{4}$ Tasse) Portionen.

9. Risotto-Oregon-Haselnuss-Wurst

Ausbeute: 6 Portionen

Zutat

- 5 deutsche oder italienische Würstchen (1 1/2 lbs.)
- 1½ Tasse rote Zwiebel, grob gehackt
- 2 Esslöffel Butter
- 1 grüner Pfeffer grob gehackt
- 1 rote Paprika grob gehackt
- 2 Bananen; geschnitten
- ¾ Tasse halbierte Oregon-Haselnüsse
- ½ Tasse Johannisbeeren oder Rosinen
- 4 Tassen gekochter Reis
- Salz und Pfeffer nach Geschmack
- 3 hartgekochte Eier; gesiebt
- Fein gehackte Petersilie
- Basilikum fein gehackt
- Schnittlauch fein gehackt

Richtungen:

a) Die Würstchen in einer großen Pfanne oder einer elektrischen Pfanne anbraten. Wurst abgießen und in Stücke schneiden. Butter in der Pfanne schmelzen und gehackte Zwiebeln hinzufügen.

b) Abdecken und kochen, bis die Zwiebeln kaum zart sind. Paprika dazugeben und anbraten, bis sie kaum weich sind. Reis, Wurst und Salz und Pfeffer hinzufügen und mit einer Gabel heiß schwenken.

c) Rosinen, Bananen und Oregon-Haselnüsse hinzufügen und vorsichtig vermischen. Nach Geschmack würzen. Auf einer erhitzten Platte servieren.

d) Mit gesiebtem Ei und Kräutermischung belegen.

10. Kürbisrisotto

Für 4

Zutaten:

- 75 g dick geschnittener Pancetta oder geräucherter Speck von höchster Qualität, gewürfelt
- 1 mittelgroße Zwiebel, gehackt
- 500 g reifer Orangenkürbis oder Butternusskürbis, geschält, entkernt und gehackt
- Meersalz und frisch gemahlener schwarzer Pfeffer
- 400g (14oz) vorzugsweise Carnaroli-Reis
- 1,2 Liter (2 Pints) ungefähr Gemüse- oder Hühnerbrühe, köchelnd gehalten
- eine Handvoll fein gehackte frische Petersilie
- 1 Teelöffel Zitronensaft oder Weißweinessig
- 2 Esslöffel ungesalzene Butter

- 3 gehäufte Esslöffel frisch geriebener Grana Padano Käse

Richtungen:

a) Die Pancetta in einem großen Topf mit schwerem Boden vorsichtig anbraten, bis das Fett ausläuft, dann die Zwiebel hinzufügen und braten, bis sie weich ist.

b) Fügen Sie den Kürbis hinzu und kochen Sie ihn vorsichtig mit der Zwiebel und dem Pancetta, bis er weich und matschig ist.

c) Den Reis dazugeben und von allen Seiten vorsichtig anrösten, dann mit der Brühe beginnen, umrühren und den Reis die Flüssigkeit aufsaugen lassen, noch mehr Brühe hinzufügen, abschmecken und wenn der Reis die Flüssigkeit aufgenommen hat, nachgießen.

d) Fahren Sie auf diese Weise fort, bis der Reis weich ist und alle Körner prall und durchgegart sind.

e) Petersilie, Zitronensaft oder Essig, Butter und Grana Padano einrühren, vom Herd nehmen und zudecken.

f) Drei Minuten ruhen lassen, dann erneut umrühren und auf eine vorgewärmte Platte geben. Sofort servieren.

RINDFLEISCH-LAMM-RISOTTO

11. Kalbsfüße mit Safranrisotto

Ausbeute: 4 Portionen

Zutat

- 1 Zwiebel, fein gewürfelt
- 2 Knoblauchzehen, gehackt
- 3 Unzen Karotten, klein gewürfelt
- 3 Unzen Sellerie, klein gewürfelt
- 2 Unzen Lauch, klein gewürfelt
- 4 Scheiben Kalbsfüße
- Salz
- Pfeffer
- Mehl
- 2 Unzen Butter
- 1 Esslöffel Tomatenpüree
- 1 Tasse Wein, rot
- 1 Tasse Wein, weiß
- 2 Tomaten, gehackt

- 1¼ Tasse Fleischbrühe, nach Bedarf
- ½ Zitrone, Schale gerieben
- ½ Teelöffel Kümmel, gehackt
- 2 Esslöffel Petersilie, gehackt
- 2 Knoblauchzehen, gepresst

Richtungen:

a) Die Kalbsfüße würzen, mit Mehl bestäuben und von beiden Seiten gut bestreichen.

b) Butter erhitzen und Kalbsfüße von beiden Seiten braun anbraten.

c) Fügen Sie die Zwiebel und eine Knoblauchzehe hinzu und braten Sie eine Minute.

d) Fügen Sie das Tomatenmark und die Weine hinzu und köcheln Sie, um etwas zu reduzieren.

e) Tomaten dazugeben, mit Brühe auffüllen und zugedeckt 1½ Stunden köcheln lassen.

f) Nach 1 Stunde Kochzeit die abgeriebene Zitronenschale, den Kümmel, die Petersilie und den restlichen Knoblauch dazugeben.

g) Mit Safran servieren

12. Gegrilltes Rindfleisch & Rosinenrisotto

Ausbeute: 4 Portionen

Zutaten:

- 1 Pfund obere Runde
- 2 Esslöffel Olivenöl
- 1 Esslöffel Smaragdessenz
- 1 Esslöffel Olivenöl
- 1 Tasse Julienned gelbe Zwiebeln
- 2 Esslöffel gehackte Schalotten
- 1 Esslöffel gehackter Knoblauch
- $2\frac{1}{2}$ Tasse Arborio-Reis
- 2 Tassen Kalbsreduktion
- $\frac{1}{4}$ Tasse Rotwein
- ⅓ Tasse trockener Marsala
- 8 Tassen Fleischbrühe
- $\frac{1}{2}$ Tasse geröstete grüne Paprika in Julienne

- ½ Tasse geröstete rote Paprika in Julienne
- ½ Tasse geröstete gelbe Paprika in Julienne
- ½ Tasse Romano-Käse
- ½ Tasse goldene Rosinen
- 1 Salz
- 1 frisch gemahlener schwarzer Pfeffer
- 1 Esslöffel fein gewürfelte rote Paprika
- 1 Esslöffel fein gewürfelte gelbe Paprika
- 2 Esslöffel gehackte Frühlingszwiebeln
- 3 Unzen Romano-Käseblock
- 3 gegrillte ganze Frühlingszwiebeln

Richtungen:

a) Den Grill vorheizen. Die obere Runde mit Olivenöl und Emeril's Essence würzen. Auf den Grill legen. 3 bis 4 Minuten auf jeder Seite grillen für mittel-selten. Für das Risotto: In einer Bratpfanne das Olivenöl erhitzen.

b) Wenn die Pfanne raucht, fügen Sie die Zwiebeln, Schalotten und den Knoblauch hinzu. Das Gemüse 1 Minute anbraten. Mit einem Holzlöffel den Reis einrühren, 1 Minute anbraten. Unter ständigem Rühren Kalbsreduktion, Wein, Marsala und Fleischbrühe nach und nach dazugeben.

c) Das Risotto 10 bis 12 Minuten unter ständigem Rühren kochen. Paprika, Käse und Rosinen unterheben. Mit Salz und Pfeffer würzen. Nehmen Sie die Runde vom Grill und schneiden Sie sie schräg in 2-Unzen-Portionen.

d) Zum Zusammenbauen das Risotto in die Mitte der Platte häufen. Das Fleisch um das Risotto fächern.

e) Mit Paprika und gegrillten Frühlingszwiebeln garnieren und mit einem Sparschäler dünne Käsescheiben über dem Risotto abschneiden.

13. Gebackenes Bolognese-Risotto

Für 6

Zutaten:

- Hackfleisch 300g
- Kastanienpilze 200g, geviertelt
- getrocknete Steinpilze 15g
- Rinderfond 750ml, scharf
- Olivenöl 2 Esslöffel
- Zwiebel 1, fein gehackt
- Knoblauch 1 Zehe, fein gehackt
- Arborio-Reis 200g
- Passata 200ml
- Tomatenpüree 1 Esslöffel
- Worcestershiresauce ein paar Spritzer
- Selleriesalz 1 Teelöffel
- getrockneter Oregano 1 Teelöffel
- Mozzarella 2 Kugeln, gewürfelt
- Parmesan 30g, fein gerieben

Richtungen:

a) Backofen auf 200 °C/Umluft 180 °C/Gas vorheizen 6. Hackfleisch und Kastanienpilze auf einem beschichteten Backblech verteilen.

b) 20-25 Minuten köcheln lassen, dabei immer wieder umrühren, bis das Hackfleisch gebräunt ist und die Pilze etwas Farbe angenommen haben und die überschüssige Flüssigkeit verdampft ist.

c) In der Zwischenzeit die getrockneten Champignons in eine Schüssel geben und mit 150 ml der heißen Brühe aufgießen.

d) Das Olivenöl in einer flachen Kasserolle oder einer tiefen ofenfesten Bratpfanne erhitzen und die Zwiebel dünsten, bis sie weich ist. Fügen Sie den Knoblauch hinzu, kochen Sie ihn eine Minute lang, fügen Sie dann den Reis hinzu und rühren Sie das Öl und die Zwiebeln durch, bis er vollständig bedeckt ist.

e) Den Pilzlikör abseihen (alle Körner zurücklassen). Die eingeweichten

Champignons hacken und einrühren, dann nach und nach den Champignonlikör hinzufügen und dabei umrühren. Fügen Sie den Rest der Rinderbrühe nach und nach hinzu und fügen Sie mehr hinzu, sobald die vorherige Kelle aufgesogen ist, bis der Reis fast gar ist.

f) Die Passata unterrühren, dann das geröstete Hackfleisch, die Champignons, das Tomatenmark und die Worcestershire-Sauce, das Selleriesalz und den Oregano dazugeben.

g) Zum Köcheln bringen und etwas mehr Wasser hinzufügen, wenn es trocken aussieht. ¾ des Mozzarellas einrühren. Den Rest mit Parmesan darüberstreuen. 25 Minuten ohne Deckel in den Ofen geben, bis sie goldbraun sind und sprudeln.

14. Risotto mit Lammauflauf

Ausbeute: 8 Portionen

Zutaten:

- 2½ Pfund Lammkeule, gewürfelt
- Olivenöl
- je ¼ Teelöffel getrocknet: Rosmarin,
- Thymian und weißer Pfeffer
- Salz nach Geschmack
- 4½ Tasse Gemüsebrühe
- ½ Teelöffel Safranfäden
- 1½ Tasse Arborio-Reis
- 1½ Tasse trockener Weißwein
- 10 Babyspargelstangen, gedünstet
- ½ Tasse frisch geriebener Parmesankäse
- 1½ Tasse Tomaten, gehackt

Gemüsebrühe

- ¾ Tasse Jeder, gehackt: Zwiebel, Sellerie,

- Karotten und Pilze
- 4½ Tasse Wasser

Richtungen:

a) Backofen auf 250 Grad vorheizen. Lammwürfel in ⅓ Tasse Olivenöl in einer Pfanne bei starker Hitze leicht und schnell anbraten. Lassen Sie das Fleisch nicht im Inneren garen. Nehmen Sie das Lamm sofort mit einem Schaumlöffel heraus und legen Sie es in einen 3-qt-Auflauf, der mit Gemüsespray beschichtet wurde.

b) Thymian, Rosmarin und Pfeffer in die Auflaufform geben und mit dem Fleisch vermengen; mit Salz würzen.

c) Auflauf mit Deckel oder einem Stück Alufolie abdecken und 30 Minuten backen. Lamm sollte sehr zart sein.

d) Wenn der Auflauf in den Ofen geht, die Brühe mit Safranfäden (zum Erweichen) bei mittlerer Hitze aufwärmen; beiseite stellen.

e) 2 EL Olivenöl in einem Topf bei mittlerer Hitze erhitzen, Reis hinzufügen und 2 bis 3 Minuten anbraten. Fügen Sie 3 Tassen heiße Brühe zum Reis hinzu und rühren Sie gut um. Reis unter gelegentlichem Rühren köcheln lassen, bis er eine cremige Konsistenz hat.

f) Fügen Sie dazu nach und nach Wein und restliche Brühe hinzu und rühren Sie, bis die Flüssigkeit fast aufgesogen ist, bevor Sie mehr hinzufügen. Der Vorgang dauert etwa 20 bis 25 Minuten. Nicht zu lange kochen, Reis sollte noch etwas fest bleiben.

g) Spargel und Parmesan vorsichtig unterrühren. Reis in einer Schicht über das Lamm geben und mit den gehackten Tomaten garnieren.

h) GEMÜSEBRÜHE: Gehacktes Gemüse 1 Stunde in Wasser köcheln lassen. Brühe abseihen und nach Anweisung verwenden.

15. Osso Buco con Risotto

Ausbeute: 1 Portionen

Zutat

- 2 Kalbshaxen
- 1 Tasse Arborio-Reis
- 2 Tassen Merlot
- 1 Teelöffel Zitronenschale
- 1 Tasse Hühner- oder Kalbsfond
- ½ Tasse gehackte Zwiebel
- 1 gehackte Knoblauchzehe
- ½ Tasse natives Olivenöl extra
- 1 Tasse frische Erbsen
- 1 gehackte mittelgroße Karotte
- ½ Teelöffel Muskatnuss

Richtungen:

a) Die Kalbshaxe mit Zwiebel, Knoblauch, Karotte, Olivenöl anbraten. Wenn es schön braun ist, 20 Minuten in den 500-Grad-Ofen geben.

b) Aus dem Ofen nehmen, auf mittlerer Stufe auf den Herd stellen und Reis hinzufügen. 25 Minuten anbraten, dabei Wein und Brühe hinzufügen, dabei immer umrühren. Zitronenschale, Erbsen, Salz und Pfeffer nach Geschmack hinzufügen.

c) Muskatnuss zugeben und 15 Minuten in den Ofen geben.

16. Rinderfilet-Lauch-Risotto

Ausbeute: 2 Portionen

Zutaten:

- 2 8 Unzen Rinderfilet
- 50 Gramm Arborio-Reis
- 100 Gramm frische Petersilie
- ½ kleiner Lauch
- 2 Unzen Blutwurst
- 40 Gramm geräucherter Wedmore-Käse
- 20 Gramm Petersilie
- 1 Sardellenfilet aus der Dose
- 1 Esslöffel Pinienkerne; getoastet
- 2 Knoblauchzehen; gehackt
- ½ rote Zwiebel; gehackt
- ½ Flasche Rotwein
- 500 Milliliter Frischer Rinderfond
- ½ Karotte; klein gehackt

- ½ roter Pfeffer; klein gehackt
- 15 Gramm glatte Petersilie
- Balsamico Essig
- Butter
- natives Olivenöl
- Steinsalz und frisch gemahlener schwarzer Pfeffer

Richtungen:

a) Zuerst das Risotto zubereiten, die Hälfte der Zwiebel und des Knoblauchs in einer Bratpfanne mit etwas Butter anbraten und ca. 30 Sekunden ohne Farbe garen.

b) Dann den Reis dazugeben und weitere 30 Sekunden kochen lassen, dann 250ml der Brühe hinzufügen und aufkochen. Den Lauch in kleine Würfel schneiden und in die Pfanne geben und etwa 13 Minuten köcheln lassen, um den Reis zu kochen.

c) Für ein dickflüssiges Pesto Petersilie, Knoblauchzehe, Sardelle, Pinienkerne und etwas Olivenöl in einen Mixer geben und zu einem Pesto pürieren und beiseite stellen.

d) Dann eine Bratpfanne erhitzen und das Filet würzen und in der Pfanne mit etwas Öl gut würzen. Die Pfanne mit Rotwein und Brühe ablöschen, aufkochen und 5 Minuten leicht köcheln lassen, dann das Steak herausnehmen. Erhöhen Sie die Hitze und reduzieren Sie sie, bis sie leicht eingedickt sind, und beenden Sie die Sauce mit einem Stück Butter und Gewürzen.

e) Zum Servieren die geschälte und gewürfelte Blutwurst zum Risotto und den Räucherkäse, die gehackte glatte Petersilie geben und gut würzen. Diesen in die Mitte jedes Tellers legen, mit dem Steak darauf.

f) Mit einem Esslöffel Petersilienpesto belegen und mit der Sauce am Rand servieren und mit dem klein gewürfelten Gemüse bestreuen.

GEFLÜGELRISOTTO

17. Hühnchenrisotto mit Grünkohl

Für 6

Zutaten:

- Butter 2 Esslöffel
- Rapsöl 1 Esslöffel
- Hähnchenschenkel 6
- einfaches Mehl 2 Esslöffel
- gemahlene Muskatblüte ½ Teelöffel
- Zwiebeln 2, gewürfelt
- Knoblauch 2 Zehen, zerdrückt
- Perlgerste 300g
- Hühnerbrühe 1,2l
- gekapselte Saubohnen 350g (nach Belieben doppelt geschält)
- Grünkohl 30g, grob gehackt
- Zitronen 1, geschält und entsaftet
- Crème fraîche 75g + 6 Esslöffel

- süßer geräucherter Paprika ein paar Prisen

Richtungen:

a) Die Hälfte der Butter und des Öls in einer Kasserolle oder Pfanne erhitzen. Die Hähnchenschenkel in Mehl und gemahlener Muskatblüte schwenken, dann bei mittlerer Hitze von beiden Seiten goldbraun und knusprig braten.

b) Auf einen Teller heben, Zwiebeln, Knoblauch und die letzten Esslöffel Butter in die Pfanne geben und weich braten.

c) Wenn die Zwiebel wirklich weich ist, die Hähnchenschenkel mit allen Säften, der Gerste und der Brühe zurückgeben. Unter gelegentlichem Rühren etwa 40 Minuten leicht köcheln lassen, bis die Gerste fast weich ist und der größte Teil der Brühe aufgesogen ist. Wenn es beim Kochen überhaupt trocken wird, fügen Sie einen Spritzer mehr Brühe hinzu.

d) Saubohnen, Grünkohl, Zitronensaft und -schale sowie Gewürze unter die Gerste rühren, Hitze reduzieren und mit einem Deckel oder Backblech abdecken. In der Zwischenzeit die Hähnchenschenkel häuten und das Fleisch mit ein paar Gabeln von den Knochen reißen. Hähnchen mit 75 g Crème fraîche wieder unter die Gerste rühren und prüfen, ob Bohnen und Gerste zart sind.

e) Die Gerste in 6 flache Servierschüsseln verteilen. Mit je einem Löffel Crème fraîche belegen, mit einer Prise Paprika gesprenkelt und mit der Zitronenschale bestreut.

18. Kürbisrisotto mit Ente

Ausbeute: 4 Portionen

Zutaten

- 1 großer Eichelkürbis
- 2 Esslöffel Olivenöl
- 2 Esslöffel gehackte Schalotten
- 2 Tassen Arborio-Reis
- 3 Tassen Entenfond
- 1 Tasse gekochtes Entenfleisch; 1 Stück schneiden
- 1 Esslöffel gehackter frischer Salbei
- 1 Esslöffel Butter
- 2 Esslöffel Sahne
- $\frac{1}{4}$ Tasse geriebener frischer Parmesankäse
- 1 Salz; schmecken
- 1 frisch gemahlener schwarzer Pfeffer; schmecken

Richtungen:

a) Backofen auf 400 Grad vorheizen. Kürbis in der Mitte halbieren, Kerne entfernen.

b) Ein Backblech mit 1 Teelöffel Olivenöl einfetten und den Kürbis mit der Schnittfläche nach unten auf das Backblech legen.

c) 20 Minuten backen, oder bis sie weich sind. Abkühlen lassen und dann das Fruchtfleisch schälen und in 1-Zoll-Würfel würfeln.

d) In einem Saucentopf das restliche Öl erhitzen, Schalotten hinzufügen und 3 Minuten kochen lassen.

e) Reis einrühren und unter Rühren 1 Minute anbraten. Brühe, 1 TL Salz und eine Prise Pfeffer einrühren und aufkochen.

f) Die Hitze auf mittlere Stufe reduzieren und etwa 18 Minuten köcheln lassen, bis der Reis zart ist.

g) Kürbis, Ente, Salbei, Sahne, Käse und Butter unterheben und 2 bis 3 Minuten köcheln lassen.

19. Hähnchenrisotto mit Parmesan

Für 4

Zutaten:

- Olivenöl 1 Esslöffel
- geräucherter Speck oder Pancettawürfel 100g
- Butter 2 Esslöffel
- Zwiebel 1 groß, fein gewürfelt
- Hähnchenschenkel 4-6 ohne Haut und ohne Knochen, geviertelt
- Hühnerbrühe 1,5 Liter
- Knoblauch 2 Zehen, zerdrückt
- Risottoreis 300g
- trockener Weißwein 150ml
- Parmesan 50g, fein gerieben
- glatte Petersilie ½ kleiner Bund, fein gehackt

Richtungen:

a) Öl in einer tiefen, breiten Pfanne bei mittlerer Hitze erhitzen und den Speck 5-6 Minuten goldbraun und knusprig braten.

b) Auf einen Teller aushöhlen. Reduzieren Sie die Hitze auf mittlere und geben Sie 1 Esslöffel Butter in die Pfanne, mischen Sie sie mit dem Speckfett und -öl und werfen Sie die Zwiebel hinzu. 10-15 Minuten braten, bis sie sehr weich und durchscheinend sind.

c) Die Hähnchenteile einrühren und weitere 6-8 Minuten braten, bis sie rundum angebraten und leicht golden werden. Fügen Sie den Knoblauch hinzu und braten Sie ihn noch eine Minute lang an.

d) Während das Huhn und die Zwiebel kochen, die Brühe in einen großen Topf geben und leicht köcheln lassen, dann die Hitze reduzieren und auf der Rückseite des Kochfelds warm halten. Den Reis über das Huhn streuen und umrühren, um den Reis mit Öl und Butter zu überziehen. 2-3 Minuten kochen lassen, dann den Wein dazugießen.

e) Rühren, bis sie fast vollständig absorbiert sind, dann die heiße Brühe löffelweise unter ständigem Rühren hinzufügen. Warten Sie, bis jede Kelle Brühe aufgesogen ist, bevor Sie die nächste hinzufügen.

f) Fügen Sie die Brühe hinzu, bis der Reis mit einem kleinen Biss weich ist, etwa 20 Minuten.

g) Das Risotto vom Herd nehmen und den Parmesan, den gekochten Speck, die Petersilie und den restlichen 1 EL Butter unterheben.

h) Vor dem Servieren zugedeckt 5 Minuten ruhen lassen.

20. Gerstenrisotto mit Hühnchen

Ausbeute: 6 Portionen

Zutaten

- 1 Esslöffel Olivenöl
- ¾ Tasse Karotte; gewürfelt
- 2 Esslöffel frisches Basilikum; gehackt
- ¾ Tasse Sellerie; gehackt
- ¾ Tasse Frühlingszwiebel; gehackt
- ½ Teelöffel Salz
- ¼ Teelöffel Pfeffer
- 1 Pfund Hähnchenbrust ohne Haut, ohne Knochen
- ½ Pfund Hähnchenschenkel ohne Haut, ohne Knochen
- 1 ¾ Tasse Graupen; etwa 12 Unzen
- 5 Tassen Hühnerbrühe
- ⅓ Tasse Petersilie; gehackt
- ¼ Tasse frischer Parmesankäse; gerieben

Richtungen:

a) Hähnchenfleisch in ¼-Zoll-Streifen schneiden.

b) Öl in einem Dutch Oven bei mittlerer Hitze erhitzen. Karotte und Basilikum hinzufügen; 1 Minute anbraten. Fügen Sie Sellerie, Frühlingszwiebel und Zwiebel hinzu; 1 Minute anbraten. Fügen Sie Salz, Pfeffer und Huhn hinzu; 5 Minuten anbraten. Gerste hinzufügen; 1 Minute anbraten.

c) Brühe hinzufügen; zum Kochen bringen. Abdecken, Hitze reduzieren und 40 Minuten köcheln lassen.

d) Vom Herd nehmen. Petersilie und Käse unterrühren.

21. Risotto mit schmutzigem Reis

Ausbeute: 1

Zutaten

- Enten- oder Hühnerhälse und -flügel
- Mägen und Herz; hacken
- Olivenöl
- ½ Zwiebel; hacken
- 1 Rippensellerie; Scheibe
- 1 roter Pfeffer; hacken
- 1 Esslöffel Knoblauch; Hackfleisch
- 1 Tasse Popcorn-Reis
- 2 Tassen Vorrat; oder so viel wie nötig
- Salz und Pfeffer
- 1 Bund Frühlingszwiebeln; hacken

Richtungen:

a) Den Hals und die Flügel der Ente in einer Pfanne in Öl anbraten. Muskelmagen und Herz hinzufügen. Mit Zwiebeln, Sellerie,

Pfeffer, Knoblauch und Reis anbraten; unter ständigem Rühren.

b) Reis 20 Sekunden anbraten, 1 Tasse Brühe hinzufügen und ständig umrühren, bis er absorbiert ist.

c) Fügen Sie 1 weitere Tasse Brühe hinzu und rühren Sie, bis sie absorbiert ist. Fügen Sie bei Bedarf weiter Brühe hinzu, bis der Reis gar ist. Mit Salz und Pfeffer würzen.

d) Mit Frühlingszwiebeln abschließen.

22. Risotto von Entenleber

Ausbeute: 1 Portionen

Zutaten:

- 30 Gramm Pinienkerne
- Lebern von 2 Enten
- Milch; zum Einweichen
- Salz und gemahlener schwarzer Pfeffer
- 1 Zwiebel
- 2 fette Knoblauchzehen
- 5 Esslöffel natives Olivenöl extra
- 225 Gramm Arborio- oder Risottoreis
- Gute Prise Safran Staubblätter
- 1 Gelbe Paprika
- $1\frac{1}{8}$ Liter Entenfond
- 4 Stängel Oregano oder goldener Majoran
- 24 Grüne Oliven; (24 bis 30)
- 15 Gramm ungesalzene Butter

- 2 Esslöffel Madeira
- 2 Esslöffel frischer Schnittlauch; gehackt

Richtungen:

a) Pinienkerne unter einem heißen Grill oder in einer trockenen Pfanne goldbraun rösten.

b) Schneiden Sie die Leber ab und entfernen Sie alle grünen Teile. 15 Minuten in etwas Milch einweichen, um jegliche Bitterkeit zu entfernen. In kaltem Wasser abspülen und trocken tupfen. Halbieren und leicht würzen.

c) Zwiebel schälen und fein hacken. Knoblauch schälen und zerdrücken. Olivenöl in einer großen Bratpfanne oder Risottopfanne erhitzen, Zwiebel und Knoblauch dazugeben und weich kochen.

d) Reis und Safran hinzufügen. Gut umrühren, bis der Reis vollständig bedeckt ist und das Öl absorbiert hat. Leicht würzen.

e) Paprika halbieren, Kerngehäuse, Kerne und Membran entfernen. Fleisch fein würfeln. In die Pfanne geben.

f) Nach und nach die halbe Brühe hinzufügen. Zum Kochen bringen. Reduzieren Sie die Hitze auf ein langsames Köcheln und kochen Sie, bis der Reis fast fertig ist. Fügen Sie immer wieder etwas Brühe hinzu und schütteln Sie die Pfanne häufig.

g) Oregano oder Majoran von den Blättern befreien und hacken. Mit Oliven und sonnengetrockneten Tomaten in die Pfanne geben, nachdem der Reis 10 Minuten gekocht wurde. Nach weiteren 2 bis 3 Minuten geröstete Pinienkerne zugeben.

h) Butter in einer heißen Pfanne schmelzen. Leber von allen Seiten knusprig braten, dabei häufig wenden. Achte darauf, dass sie gar sind, aber noch ganz rosa in der Mitte. Madeira in die Pfanne geben und alle Fleischreste hineinkratzen.

i) Risotto nach Geschmack würzen und gehackten Schnittlauch dazugeben.

j) Risotto mit darauf gehäuften Lebern servieren. Löffel Lebersaft darüber und lassen Sie sie mit Reis mischen.

GEMÜSERISOTTO

23. Gemüserisotto

Für 2

Zutaten:

- Gemüsebrühe 900ml
- Spargel 125g, Stangen in 2-3 Stücke geschnitten
- Butter 25g
- Olivenöl 1 Esslöffel
- Zwiebel 1, fein gehackt
- Risottoreis 150g
- Erbsen (frisch oder gefroren) 75g
- Babyspinat 50g, gehackt
- Pecorino 40g, fein gerieben, plus etwas zum Servieren
- Schnittlauch auf 1 Esslöffel gehackt
- Minze gehackt, um 1 Esslöffel zu machen
- Zitrone 1, geschält

Richtungen:

a) Die Brühe in einer Pfanne erhitzen, bis sie köchelt. Den Spargel 30 Sekunden in der Brühe blanchieren, dann mit einem Schaumlöffel herausschöpfen und abtropfen lassen.

b) Ein Stück Butter mit dem Olivenöl in einer großen, tiefen Pfanne schmelzen, dann die Zwiebel 8-10 Minuten dünsten oder bis sie weich ist. Fügen Sie den Reis hinzu und kochen und rühren Sie einige Minuten weiter, bis der Reis glänzend ist.

c) Die Brühe löffelweise unter Rühren hinzugeben, bis der Reis gerade zart ist (er sollte bissig, aber nicht kalkhaltig sein). Fügen Sie das gesamte Gemüse, einschließlich des blanchierten Spargels, hinzu und kochen Sie 1 Minute lang.

d) Restliche Butter, Pecorino, Kräuter und Zitronenschale einrühren, würzen und Deckel auflegen. 3 Minuten ohne Hitze ruhen lassen und dann in warmen Schüsseln mit zusätzlichem Käse servieren, wenn Sie möchten.

24. Butternusskürbis-Risotto

Für 4

Zutaten:

- Zwiebel 1 klein, gehackt
- Olivenöl
- Butternusskürbis oder Kürbis 250g, geschält und gewürfelt
- Carnaroli oder Arborio (Risotto) Reis 200g
- Gemüse- oder Hühnerbrühe 800ml, heiß
- Salbei einige Blätter, gehackt
- Parmesan oder Grana Padano gerieben für 2 Esslöffel, zum Servieren

Richtungen:

a) Die Zwiebel in 1 EL Öl in einer tiefen Pfanne oder Bratpfanne sanft anbraten, bis sie weich, aber nicht gebräunt ist. Kürbis und Reis hinzugeben und einige Sekunden rühren, um die Körner mit Öl zu überziehen.

b) Fügen Sie ein paar Schöpfkellen Brühe hinzu und bringen Sie sie zum Köcheln. Unter Rühren kochen, bis fast die gesamte Brühe aufgesogen ist.

c) Fügen Sie nach und nach die restliche Brühe hinzu und kochen Sie, bis jede Zugabe aufgenommen ist, bevor Sie die nächste hinzufügen, bis der Kürbis weich und der Reis cremig, aber noch bissfest ist.

d) Salbei unterrühren und gut würzen. Das Risotto auf Schüsseln verteilen und zum Servieren mit Käse bestreuen.

25. Cheddar-Frühlingszwiebel-Risotto

Für 2

Zutaten:

- Butter 25g
- Frühlingszwiebeln 6, gehackt
- Risottoreis 150g
- Weißwein ein Schuss (optional)
- Gemüse- oder Hühnerbrühe 750ml
- Dijon Senf ½ Teelöffel
- reifer Cheddar 100g, gerieben
- BALSAMIKTOMATEN
- Olivenöl 1 Esslöffel
- Kirschtomaten 100g
- Balsamico-Essig ein Nieselregen
- Basilikum ein kleiner Bund, gehackt

Richtungen:

a) Die Butter in einer breiten flachen Pfanne schmelzen. Die Frühlingszwiebeln 4-5 Minuten kochen oder bis sie weich sind. Den Reis hinzufügen und unter Rühren einige Minuten kochen lassen. Fügen Sie den Wein hinzu, falls verwendet, und sprudeln Sie, bis er absorbiert ist.

b) Rühren Sie die Brühe nach und nach ein und warten Sie erneut, bis sie absorbiert ist, bevor Sie mehr hinzufügen. Wiederholen Sie diesen Vorgang, bis der Reis cremig, cremig und zart ist (möglicherweise müssen Sie nicht die gesamte Brühe verwenden oder Sie müssen möglicherweise einen Spritzer mehr hinzufügen, wenn die Mischung zu dick ist).

c) In der Zwischenzeit das Olivenöl in einer separaten kleinen Pfanne bei mittlerer Hitze erhitzen und die Tomaten mit reichlich Gewürzen anbraten, bis sie gerade anfangen zu platzen.

d) Senf und Käse unter das Risotto rühren und bei Bedarf mit Pfeffer und etwas Salz würzen. In warme Schüsseln geben und mit den Tomaten, einem Schuss Balsamico und etwas Basilikum belegen.

26. Rote-Bete-Risotto

Für 4

Zutaten:

- Butter 50g
- Zwiebel 1, fein gehackt
- Risottoreis 250g
- Weißwein 150ml
- Gemüsebrühe 1 Liter, heiß
- fertig gekochte Rote Bete 300g Packung
- Zitrone 1, geschält und entsaftet
- glatte Petersilie ein kleiner Bund, grob gehackt
- weicher Ziegenkäse 125g
- Walnüsse eine Handvoll, geröstet und gehackt

Richtungen:

a) Die Butter in einer tiefen Pfanne schmelzen und die Zwiebel mit etwas Gewürzen 10 Minuten weich dünsten. Den Reis dazugeben und umrühren, bis alle

Körner bedeckt sind, dann den Wein dazugießen und 5 Minuten sprudeln lassen.

b) Die Brühe unter Rühren löffelweise zugeben und erst dann nachfüllen, wenn die vorherige Charge aufgesogen ist.

c) In der Zwischenzeit 1/2 Rote Bete nehmen und in einem kleinen Mixer glatt rühren, den Rest hacken.

d) Sobald der Reis gekocht ist, rühren Sie die geschlagenen und gehackten Rote Beete, Zitronenschale und -saft und den größten Teil der Petersilie unter. Auf Teller verteilen und mit Streuseln des Ziegenkäses, den Walnüssen und der restlichen Petersilie belegen.

27. Zucchinirisotto

Dient 2-3

Zutaten:

- Gemüse- oder Hühnerbrühe 900ml
- Butter 30g
- Baby-Zucchini 200g (ca. 5-6), diagonal in dicken Scheiben geschnitten
- Olivenöl 2 Esslöffel
- Schalotten 1 lang oder 2 rund, fein gehackt
- Knoblauch 1 Zehe, zerdrückt
- Risottoreis 150g
- trockener Weißwein ein kleines Glas
- Minze eine Handvoll Blätter, gehackt
- Zitrone ½, abgerieben und entsaftet
- Parmesan (oder vegetarische Alternative) 30g, fein gerieben, plus etwas zum Servieren

Richtungen:

a) Halten Sie die Brühe in einer Pfanne auf niedriger Stufe köcheln lassen.

b) Die Hälfte der Butter in einer tiefen, breiten Pfanne schmelzen. Die Zucchini auf beiden Seiten mit etwas Gewürzen leicht goldbraun braten. Herausnehmen und auf Küchenpapier abtropfen lassen. Wischen Sie die Pfanne aus.

c) 2 Esslöffel Olivenöl in derselben Pfanne erhitzen, dann die Schalotten und den Knoblauch 6-8 Minuten lang anbraten oder bis sie anfangen weich zu werden. Reis einrühren und eine Minute erhitzen.

d) Gießen Sie den Wein hinzu und sprudeln Sie unter Rühren, bis er verdampft ist. Fügen Sie die Brühe löffelweise hinzu und lassen Sie die Flüssigkeit aufsaugen, bevor Sie mehr hinzufügen. Fügen Sie weiter Brühe hinzu, bis der Reis zart ist und noch ein bisschen Biss übrig ist.

e) Die Zucchini einrühren und eine Minute lang erhitzen. Minze dazugeben und mit

Zitronensaft und -schale, Parmesan, restlicher Butter und einer letzten Schöpfkelle Brühe unter den Reis rühren. Das Risotto sollte eher cremig und cremig sein als steif, also fügen Sie entsprechend zusätzliche Brühe hinzu.

f) Einen Deckel auflegen und einige Minuten ruhen lassen, dann in warmen Schüsseln mit zusätzlichem Käse servieren, wenn Sie möchten.

28. Gemüserisotto verde

Für 6

Zutaten:

- Olivenöl
- Zwiebel 1/2, fein gewürfelt
- Sellerie 1 Stange, fein gewürfelt
- Risottoreis 400g
- Weißwein 125ml
- Hühnerbrühe 1 Liter, heiß
- Spinat 100g
- Saubohnen 75g, blanchiert und geschält
- gefrorene Erbsen 75g
- Parmesan 50g, fein gerieben
- Crème fraîche 3 Esslöffel
- Zitrone 1, geschält und ein Spritzer Saft
- Mikrokresse zum Servieren

Richtungen:

a) 3 EL Öl in einer Pfanne erhitzen und Zwiebel und Sellerie mit etwas Salz dazugeben. 5 Minuten braten, bis sie glasig sind. Den Risottoreis hinzufügen und gut umrühren, sodass jedes Korn mit Öl überzogen ist.

b) Gießen Sie den Wein hinzu und lassen Sie ihn sprudeln, bis er fast ganz verdampft ist. Die Brühe löffelweise unter ständigem Rühren zugeben und erst nach Aufsaugen der letzten Kelle mehr Brühe zugeben.

c) Spinat und 2 EL heißes Wasser in einer Küchenmaschine zu einem Püree aufschlagen. Wenn der Reis fast gar ist, das Püree, die dicken Bohnen und die Erbsen unterrühren. Weitere 5 Minuten kochen, dabei regelmäßig umrühren.

d) Wenn Reis und Gemüse gar sind, Parmesan, Crème fraîche, Zitronenschale und -saft unterrühren, würzen und mit Mikrokresse belegen.

29. Knoblauchrisotto mit Wachtel

Für 4

Zutaten:

- Sellerie 1/2 klein, in 1 cm große Stücke gewürfelt
- Olivenöl
- Knoblauch 1 Knolle, Nelken geschält
- Rosmarin 1 Zweig
- Schalotte 1, fein gewürfelt
- Lauch 1, fein gewürfelt
- Thymianblätter 1 Teelöffel
- Butter 100g
- Risottoreis 400g
- Pflanzenöl
- Hühnerbrühe 1,5 Liter
- Pecorino-Käse 80g, fein gerieben
- glatte Petersilie eine kleine Handvoll, gehackt

- Wachteln 4, gereinigt und gespachtelt

Richtungen:

a) Backofen auf 180C/Umluft 160C/Gas vorheizen 4. Den gewürfelten Sellerie auf ein Backblech legen. Würzen und mit etwas Pflanzenöl beträufeln. 15 Minuten braten, oder bis sie weich und braun sind.

b) In der Zwischenzeit Knoblauch, Rosmarin und 100 ml Olivenöl in eine kleine Pfanne geben (damit der Knoblauch bedeckt ist, bei Bedarf mehr Öl hinzufügen) und 10 Minuten sanft erhitzen, oder bis der Knoblauch weich und leicht golden ist.

c) Entfernen Sie das Öl und kühlen Sie es ab. Du kannst das übrig gebliebene Knoblauchöl zum Kochen verwenden, aber bewahre es im Kühlschrank auf und verbrauche es innerhalb einer Woche.

d) Schalotte, Lauch und Thymian mit 50 g Butter und 50 ml Olivenöl anbraten. Jahreszeit. Wenn das Gemüse weich ist, fügen Sie den Reis hinzu und rühren Sie um, bis alle Körner bedeckt sind.

e) 1 Minute lang leicht erhitzen, um den Reis zu knacken (dies ermöglicht eine leichtere Aufnahme).

f) 500 ml Brühe zum Risotto geben und rühren, bis alles aufgesogen ist. Wiederholen Sie weitere 2 Mal. Dies sollte etwa 20 Minuten dauern. Fügen Sie bei Bedarf mehr Brühe hinzu, um eine cremige Konsistenz zu erhalten.

g) Wenn der Reis weich ist, vom Herd nehmen, Sellerie, restliche Butter, Käse und Petersilie dazugeben und würzen. Mit einem Deckel abdecken und ruhen lassen.

h) Den Backofen auf 200 °C/Umluft 180 °C/Gas stellen. 6. Eine Grillpfanne auf mittlere Hitze erhitzen. Die Wachteln ölen und würzen, dann die Vögel mit der Hautseite nach unten für 4 Minuten auf die Grillplatte legen, bis sie goldbraun und verkohlt sind.

i) Umdrehen und weitere 2 Minuten kochen. Auf ein Backblech geben und 10-15 Minuten rösten, bis der Saft gar ist und klar ist. 2 Minuten unter Folie ruhen lassen. Das Risotto auf warme Teller verteilen.

j) Die Wachtel am Rücken halbieren und auf das Risotto legen. Den konfitierten Knoblauch mit dem Messerrücken zerdrücken und darüberstreuen.

30. Artischockenrisotto

Ausbeute: 1 Portionen

Zutat

- 2 Kugelartischocken
- 2 Esslöffel Butter
- 1 Zitrone
- 2 Esslöffel Olivenöl
- 1 Portobello-Pilz
- 2½ Tasse Hühnerbrühe; oder andere
- 1 kleine Zwiebel; gehackt
- 1 Tasse trockener Weißwein
- 2 Knoblauchzehen; gehackt
- Salz und Pfeffer; schmecken
- 1 Tasse Arborio-Reis
- ½ Tasse Parmesankäse; gerieben
- 1 Esslöffel Petersilie; gehackt

Richtungen:

a) Saft ½ Zitrone in eine kleine Schüssel geben und so viel Wasser hinzufügen, dass die Artischocke bedeckt ist.

b) Den Pilz vierteln.

c) Die Champignons sehr sehr dünn schneiden.

d) Zurückbehaltene Artischocken, in Scheiben geschnittene Champignons und Petersilie unterrühren.

e) Mikrowelle.

31. Safranrisotto

Für 4

Zutaten:

- Butter 100g, gekühlt und gewürfelt
- Zwiebel 1 klein, fein gehackt
- Hühnerbrühe 1,25 Liter
- Arborio-Reis 200g
- trockener Weißwein 75ml
- Safran ½ Teelöffel (achten Sie auf gute lange Fäden)
- Parmesan 75g, fein gerieben
- gemahlener weißer Pfeffer
- Schnittlauch eine Handvoll geschnitten

Richtungen:

a) 50 g Butter in einer tiefen Pfanne mit schwerem Boden und Deckel schmelzen, dann die Zwiebel 10 Minuten sanft dünsten, bis sie weich, aber nicht gefärbt ist.

b) Bringen Sie die Brühe in einem anderen Topf zum Kochen und reduzieren Sie dann die Hitze auf ein Köcheln.

c) Den Reis zur Butter geben und unter Rühren 3-4 Minuten kochen, um den Reis zu beschichten und die Körner zu rösten. Gießen Sie den Wein hinzu und sprudeln Sie, bis er vollständig absorbiert ist, bevor Sie den Safran einrühren.

d) Fügen Sie die Brühe ein oder zwei Kellen auf einmal hinzu und rühren Sie dabei den Reis vom Boden der Pfanne um. Wenn jede Kelle Brühe aufgebraucht ist, fügen Sie die nächste Kelle voll hinzu.

e) Setzen Sie dies etwa 15 Minuten lang fort. Das Risotto ist fertig, wenn die Körner weich sind und keine Kreide mehr haben, aber noch etwas Biss haben (evtl. brauchen Sie nicht die ganze Brühe).

f) Restliche Butter und Parmesan unterrühren und mit weißem Pfeffer würzen. Einen Deckel auflegen und das Risotto 2 Minuten ruhen lassen, dann in warmen Schüsseln mit Schnittlauch bestreut servieren.

32. Orzo-Risotto mit Cavolo Nero

Für 2

Zutaten:

- extra natives Olivenöl 2 Teelöffel
- Zwiebel ½, fein gewürfelt
- Knoblauch 2 Zehen, in Scheiben geschnitten
- getrocknete Chiliflocken ½ Teelöffel
- Orzo-Nudeln 150g
- Gemüsebrühe 450ml, heiß
- cavolo nero 100g, Stiele entfernt und in lange Stücke geschnitten
- gefrorene Erbsen 100g
- Weichkäse 1 Esslöffel
- vegetarischer Parmesan 15g, fein gerieben, plus etwas mehr zum Servieren (optional)

Richtungen:

a) Olivenöl in einer Pfanne erhitzen und Zwiebel, Knoblauch, Chiliflocken und eine Prise Salz dazugeben.

b) 5 Minuten sanft kochen oder bis sie weich sind. Die Nudeln hineingeben und umrühren, sodass jedes Stück mit Öl bedeckt ist.

c) Die Gemüsebrühe löffelweise zugeben, zwischendurch umrühren und nach dem Aufsaugen mehr dazugeben. Nach 5 Minuten den Cavolo Nero hinzufügen.

d) Weitere 5 Minuten kochen und, sobald Orzo und Cavolo Nero weich sind, die Erbsen und etwas Gewürze für die letzten 2 Minuten hinzufügen.

e) Weichkäse und Parmesan unterrühren und nach Belieben mit etwas mehr Parmesan servieren.

33. Bulgur-Risotto-Mix

Ausbeute: 1 Portionen

Zutaten

- 1 Esslöffel getrocknete, gehackte Zwiebel
- 3 Hühnerbouillonwürfel, zerbröselt
- 1 Teelöffel getrockneter Kerbel
- 1 Teelöffel getrockneter Thymian
- ¼ Teelöffel schwarzer Pfeffer
- 1½ Tasse Gebrochener Weizenbulgur RISOTTO:
- 2½ Tasse Wasser
- 2 Esslöffel Butter
- 1 Packung Risotto-Mix

Richtungen:

a) Mischen: Kombinieren und in einem luftdichten Behälter aufbewahren.

b) Bulgur-Risotto: Backofen auf 350 vorheizen. Wasser und Butter zum

Kochen bringen. Die Risotto-Mischung hinzufügen und unter Rühren 5 Minuten kochen lassen. Abdecken und 25 Minuten backen. 6 Portionen

34. Gemüserisotto im Herbst

Ausbeute: 6 Portionen

Zutaten

- 2 Pfund Butternut-Kürbis
- 3 Tassen fettarme, salzarme Hühnerbrühe
- Salz und Pfeffer
- 3 mittelgroße Lauch; Würfel, weißer Teil und 2,5 cm grün
- 1½ Esslöffel natives Olivenöl extra
- 1½ Tasse Arborio-Reis
- 3 Knoblauchzehen; gehackt
- 2 Esslöffel gehackte frische glatte Petersilie
- 1 Teelöffel gehackter frischer Thymian
- ½ Teelöffel gehackter frischer Rosmarin
- ½ Teelöffel gehackter frischer Salbei
- ⅛ Teelöffel frisch geriebene Muskatnuss

- 1 Teelöffel geriebene Orangenschale
- ½ Orange; entsaftet
- 3 Esslöffel Pekannüsse; geröstet und gehackt
- ½ Tasse frisch geriebener Parmigiano-Reggiano

Richtungen:

a) Kürbis der Länge nach halbieren, herausnehmen und die Kerne entsorgen. Schälen und in ½-Zoll-Stücke schneiden.

b) In einem mittelgroßen Topf bei starker Hitze Brühe und 3 Tassen Wasser zum Köcheln bringen. Kürbis hinzufügen und köcheln lassen, bis er fast weich ist, 2 bis 3 Minuten. Kürbis herausnehmen, mit Salz und Pfeffer würzen und beiseite stellen. Brühe separat aufheben.

c) Lauch und Spitzen Tasse Wasser in eine große Pfanne geben. Abdecken und köcheln lassen, bis der Lauch weich ist, etwa 12 Minuten, dabei mehr Wasser hinzufügen, wenn es verdunstet.

d) Lauch zurückbehalten und Kochflüssigkeit in die reservierte Brühe geben.

e) Brühe bei schwacher Hitze auf einem Back-Brenner erwärmen. Olivenöl in einer großen Pfanne bei mittlerer Hitze erwärmen. Reis hinzufügen und unter ständigem Rühren 2 bis 3 Minuten kochen. Fügen Sie mit einer Schöpfkelle etwa $\frac{3}{4}$ Tasse Brühe hinzu und rühren Sie um, um den Reis vom Boden und den Seiten der Pfanne zu befreien.

f) Wenn der Reis die erste Brühe aufgesogen hat, fügen Sie eine weitere Schöpfkelle voll Brühe hinzu. Rühren Sie oft um, damit der Reis nicht klebt, und fügen Sie eine Kelle nach der anderen hinzu, um die Körner feucht zu halten.

g) Nach 10 Minuten Brühe und Rühren Lauch und Knoblauch hinzufügen. und die nächsten 7 Zutaten (durch Saft) und weiter rühren.

h) Fügen Sie weiter Brühe hinzu, bis der Reis ohne kreideartige Kerne (aber immer noch fest) gerendert ist, 18 bis 22 Minuten. Wenn Ihnen die Brühe ausgeht, fügen Sie heißes Wasser hinzu.

i) Wenn der Reis gerade zart ist, fügen Sie eine zusätzliche Schöpfkelle Brühe oder Wasser und reservierten Kürbis hinzu. Pfanne vom Herd nehmen, abdecken und 5 Minuten ruhen lassen. Mit Salz und Pfeffer würzen.

j) Zum Servieren das Risotto in eine Schüssel geben und mit Pekannüssen und Käse garnieren.

35. Fenchelrisotto mit Pistazien

Ausbeute: 6 Portionen

Zutaten

- 2 Tassen Hühnerbrühe, kombiniert mit
- 1 Tasse Wasser
- 1 Esslöffel Butter oder Margarine
- 2 Esslöffel Olivenöl
- 1 Tasse fein gehackte Zwiebel
- 1 mittlere Fenchelknolle
- 1 mittelgroße rote Paprika, gehackt
- 2 mittelgroße Knoblauchzehen, gehackt
- 1½ Tasse Arborio-Reis
- ⅓ Tasse geschälte Pistazien, gehackt
- Frisch gemahlener schwarzer Pfeffer
- ¼ Tasse geriebener Parmesankäse

Richtungen:

a) Die Brühe-Wasser-Kombination bei mittlerer bis niedriger Hitze erhitzen. Warm halten.

b) In einer großen Pfanne, vorzugsweise antihaftbeschichtet, oder einem großen Topf die Butter und das Öl bei mittlerer Hitze erhitzen, bis sie heiß sind. Fügen Sie die Zwiebel, den Fenchel und die rote Paprika hinzu; 5 Minuten anbraten. Fügen Sie den Knoblauch hinzu und braten Sie eine weitere Minute.

c) Reis einrühren und unter Rühren 2 Minuten kochen lassen. Beginnen Sie langsam, die Flüssigkeit hinzuzufügen, etwa eine Kelle nach der anderen. Zugedeckt bei mittlerer Hitze 10 Minuten kochen lassen, dabei gelegentlich umrühren.

d) Fügen Sie die Flüssigkeit langsam hinzu und rühren Sie oft um. Warten Sie jedes Mal, bis die Flüssigkeit aufgesogen ist, bevor Sie die nächste Kelle voll hinzufügen. Den Garvorgang zugedeckt 10 Minuten wiederholen.

e) Aufdecken und weiter die Flüssigkeit hinzufügen und oft umrühren. Das Risotto sollte etwa 30 Minuten kochen. Das fertige Risotto sollte cremig sein, mit etwas Zähigkeit in der Mitte des Reis.

f) Fügen Sie die Pistazien, Pfeffer und Parmesan zum fertigen Risotto hinzu und rühren Sie, bis alles vermischt ist.

36. Spinat-Tofu-Risotto

Ausbeute: 4 Portionen

Zutaten

- 8 Unzen Tofu, abgetropft
- 1 mittelgroße Zwiebel; gehackt (1/2 Tasse)
- 1 Knoblauchzehe; gehackt
- 2 Esslöffel Pflanzenöl
- 14½ Unzen Tomaten, italienisch, in Dosen; gehackt
- 1 Teelöffel Oregano; getrocknet; zerquetscht
- 2 Tassen Reis, braun; gekocht
- 10 Unzen Spinat, gefroren, gehackt; aufgetaut und abgetropft
- 1 Esslöffel Sesamsamen; getoastet

Richtungen:

a) Tofu in den Mixbehälter geben. Abdeckung; glatt rühren.

b) In einem großen Topf Zwiebel und Knoblauch in heißem Öl anbraten, bis die Zwiebel zart ist. Fügen Sie undrainierte Tomaten und Oregano hinzu. Zum Kochen bringen; Hitze reduzieren.

c) Aufgedeckt etwa 3 Minuten köcheln lassen.

d) Tofu, Reis, Spinat, $\frac{1}{2}$ Teelöffel Salz und $\frac{1}{4}$ Teelöffel Pfeffer einrühren. Teilen Sie die Mischung in 4 einzelne gefettete Aufläufe oder geben Sie die gesamte Mischung in einen gefetteten $1\frac{1}{2}$-Liter-Auflauf.

e) Ohne Deckel in einem 350-Grad-Ofen 30 Minuten backen oder bis sie durchgeheizt sind. Mit Sesam bestreuen.

37. Risotto mit Honig und gerösteter Gerste

Ausbeute: 14 Portionen

Zutaten

- 2 Schalotten; gehackt
- 2 Knoblauchzehen; gehackt
- 2 Selleriestangen; fein gewürfelt
- 2 Esslöffel Olivenöl
- 1 Esslöffel Butter
- $\frac{1}{4}$ Tasse Arborio-Reis; (Risotto)
- $3\frac{1}{2}$ Liter geröstete Butternusskürbissuppe
- $\frac{1}{4}$ Tasse Gerste; geröstet, gekocht
- $\frac{1}{4}$ Tasse Butternut-Kürbis; klein gewürfelt
- $\frac{1}{4}$ Tasse Romano-Käse; gerieben
- Salz und schwarzer Pfeffer

Richtungen:

a) In einem Topf bei mäßiger Hitze Schalotten, Knoblauch und Sellerie in Öl und Butter anbraten, bis sie weich sind. Fügen Sie Reis hinzu und rühren Sie, um gut zu beschichten. Körner nicht braun lassen.

b) Fügen Sie $3\frac{1}{2}$ Tassen Suppe in kleinen Mengen hinzu und rühren Sie ständig um.

c) Gerste und Kürbis hinzufügen. Auf die gleiche Weise weiterkochen, bis der Reis zart, aber al dente ist. Käse hinzufügen. Würze anpassen.

d) Pro Portion einen Klecks Risotto in die Mitte der Suppenschüssel geben. 1 Tasse Suppe um das Risotto schöpfen.

38. Kräuter-Süßkartoffelrisotto

Ausbeute: 1 Portionen

Zutaten

- 1 Esslöffel natives Olivenöl
- 1 Tasse Würfel (1") Süßkartoffeln
- 1 Tasse Arborio-Reis
- ½ Tasse gehackte Zwiebeln
- 1 Esslöffel gehackter frischer Salbei
- 1 Teelöffel geriebene Orangenschale
- ⅛ Teelöffel gemahlene Muskatnuss
- 2 Tassen entfettete Hühnerbrühe
- ¼ Tasse Orangensaft
- Salz und schwarzer Pfeffer
- 1 Esslöffel geriebener Parmesankäse
- 2 Esslöffel Gehackte frische italienische Petersilie

Richtungen:

a) In einer großen mikrowellengeeigneten Schüssel das Öl 1 Minute auf höchster Stufe in der Mikrowelle erhitzen.

b) Süßkartoffeln, Reis, Zwiebeln, Salbei, Orangenschale und Muskatnuss unterrühren.

c) Mikrowelle, offen für 1 Minute. $1\frac{1}{2}$ Tassen Brühe einrühren.

d) 10 Minuten in die Mikrowelle stellen, dabei einmal nach der Hälfte des Garvorgangs umrühren.

e) Restliche $\frac{1}{2}$ Tasse Brühe und Orangensaft einrühren. 15 Minuten in der Mikrowelle erhitzen, dabei einmal nach der Hälfte des Garvorgangs umrühren.

f) Mit Salz und Pfeffer abschmecken. Mit Parmesan und Petersilie bestreuen.

39. Mikrowellen-Risotto

Ausbeute: 2 Portionen

Zutaten

- 1 Teelöffel ungesalzene Butter
- 1 Teelöffel Olivenöl
- 2 Esslöffel gehackte Zwiebeln
- 1 Knoblauchzehe; gehackt
- ¼ Tasse Arborio-Reis
- 1 Tasse Hühnerbrühe
- ¼ Tasse trockener Weißwein
- Salz und Pfeffer; schmecken
- 4 Unzen gekocht; geschnittene Artischockenherzen
- 4 Unzen gekochte und abgetropfte Paprikawürfel
- 2 Unzen gehackte sonnengetrocknete Tomaten
- 2 Unzen gehackte Kapern

- Safran; Basilikum oder andere Gewürze nach Geschmack.

Richtungen:

a) Butter und Öl in einer großen Suppenschüssel ohne Deckel in der Mikrowelle 2 Minuten bei 100 % erhitzen.

b) Fügen Sie Zwiebel, Knoblauch und Reis hinzu; rühren, um zu beschichten. Ohne Deckel 4 Minuten bei 100 % garen.

c) Brühe, Wein und alle optionalen Zutaten hinzufügen. Ohne Deckel 6 Minuten kochen lassen. Gut umrühren und weitere 6 Minuten kochen lassen. Überwachen Sie, um sicherzustellen, dass die Flüssigkeit nicht vollständig verkocht.

d) Aus der Mikrowelle nehmen. Salz und Pfeffer einrühren und heiß servieren.

40. Japanisches Risotto mit Pilzen

Ausbeute: 4 Portionen

Zutaten

- $4\frac{1}{2}$ Tasse Gemüsebrühe; oder mit Miso angereicherte Brühe, herzhaft
- 1 Esslöffel natives Olivenöl extra
- $\frac{1}{2}$ Tasse Rose-Sushi-Reis
- $\frac{1}{2}$ Tasse Sake
- Koscheres Salz
- Frisch gemahlener schwarzer Pfeffer
- $\frac{1}{2}$ Tasse Enoki-Pilze
- $\frac{1}{2}$ Tasse gehackte Frühlingszwiebeln
- $\frac{1}{4}$ Tasse Rettichsprossen

Richtungen:

a) Wenn Sie die mit Miso angereicherte Brühe verwenden, mischen Sie 1 Esslöffel Miso mit $4\frac{1}{2}$ Tassen Wasser und bringen Sie es zum Kochen. Hitze reduzieren und köcheln lassen.

b) In einem großen Topf das Olivenöl bei mittlerer Hitze erhitzen. Den Reis unter ständigem Rühren in eine Richtung hinzugeben, bis er gut bedeckt ist. Die Pfanne vom Herd nehmen und den Sake hinzufügen.

c) Zurück zum Herd und ständig in eine Richtung rühren, bis die gesamte Flüssigkeit aufgesogen ist. Fügen Sie die Brühe oder Brühe in Schritten von $\frac{1}{2}$ Tasse hinzu und rühren Sie dabei ständig um, bis die gesamte Flüssigkeit bei jeder Zugabe absorbiert ist.

d) Mit Salz und Pfeffer würzen. In Servierschalen anrichten, mit Champignons, Frühlingszwiebeln und Sprossen garnieren und servieren.

e) Mit zarten Enoki-Pilzen, gehackten Frühlingszwiebeln und würzigen Rettichsprossen garnieren.

41. Frühlingsgemüserisotto

Für 4

Zutaten:

- 1 oder 2 pralle Frühlingszwiebeln, gehackt
- 2 sehr kleine Röschen frisch keimender Brokkoli, grob gehackt
- eine kleine Handvoll feine grüne Bohnen
- 50 g ungesalzene Butter
- 350 g Carnaroli-Reis
- 2 oder 3 Babykarotten, gehackt
- 1,2 Liter (2 Pints) Gemüsebrühe oder leichte Hühnerbrühe
- 2 oder 3 junge, zarte Zucchini
- Meersalz und frisch gemahlener Pfeffer
- 3 bis 4 Esslöffel frische Erbsen, geschält
- 3 gehäufte Esslöffel frisch geriebener Grana Padano Käse

Richtungen:

a) Das Gemüse zusammen mit 2/3 der Butter etwa 8 bis 10 Minuten sehr sanft und vorsichtig anbraten.

b) Fügen Sie den Reis hinzu und rühren Sie ihn um, um ihn mit Butter und Gemüse zu überziehen.

c) Würzen, dann mit der heißen Brühe beginnen, dabei ständig umrühren, damit sie nicht anbrennt.

d) Der Reis braucht 20 Minuten, um zu kochen, ab dem Zeitpunkt, an dem Sie beginnen, die Flüssigkeit hinzuzufügen.

e) Von der Hitze nehmen.

f) Nachwürzen, restliche Butter und den frisch geriebenen Grana Padano unterrühren.

g) Bedecken und 2 Minuten ruhen lassen, dann erneut umrühren und auf eine vorgewärmte Platte geben, um sofort zu servieren.

42. Balsamico-Risotto

Ausbeute: 1 Portionen

Zutaten

- 100 Gramm Butter
- ½ Zwiebel
- 1 Lorbeerblatt
- 1 Prise getrockneter Rosmarin
- 300 Gramm Arborio-Reis
- 1 Tasse Gemüsebrühe
- ½ Liter Cabernet oder Barolo
- Frisch geriebener Parmesan
- Balsamico Essig

Richtungen:

a) 50 g Butter, die gehackte halbe Zwiebel, das Lorbeerblatt und die Prise Rosmarin in eine Auflaufform geben und bei mittlerer Hitze dünsten, bis die Zwiebel durchsichtig ist.

b) Dann den Reis hinzufügen und eine Minute lang ununterbrochen rühren, bis alles gut vermischt ist. Dann eine "gute" Tasse Gemüsebrühe dazugeben und das Ganze aufkochen.

c) Einen halben Liter Rotwein dazugeben und den Alkohol verdunsten lassen. Nach 15 Minuten den frisch geriebenen Parmesan und die anderen 50 g Butter hinzufügen.

d) Umrühren und dann eine weitere Minute kochen lassen.

e) Kurz vor dem Herausnehmen vom Herd ein kleines Glas Balsamico-Essig dazugeben.

43. Heidelbeerrisotto mit Steinpilzen

Ausbeute: 4 Portionen

Zutaten

- 8¾ Unze frischer Steinpilz, in Scheiben geschnitten
- 1 kleine Zwiebel; fein gehackt
- ¾ Unze Butter
- 5 Unzen Risottoreis; unpoliert
- 5½ Unzen Blaubeeren
- ¼ Tasse Weißwein; trocken
- 1¾ Tasse Bouillon
- ¼ Tasse Olivenöl
- 1 Zweig Thymian
- 1 Knoblauchzehe; püriert
- 2 Unzen Butter

Richtungen:

a) In einem Topf die Butter erhitzen und die Zwiebel anschwitzen. Reis und

Blaubeeren unterrühren, kurz anbraten. Mit Wein anfeuchten, kochen, bis es absorbiert ist; mit Bouillon anfeuchten und weich kochen. Kontinuierlich umrühren, bei Bedarf etwas Bouillon dazugeben. Mit Salz und Pfeffer würzen.

b) In einer Pfanne das Öl erhitzen, Champignons, Knoblauch und Thymian anbraten. Butter unter das Risotto rühren. Auf warme Teller geben und mit Pilzen dekorieren.

44. Karotten-Brokkoli-Risotto

Ausbeute: 4 Portionen

Zutaten

- 5 Tassen natriumarme Hühnerbrühe; oder Gemüsebrühe
- 1 Esslöffel Olivenöl
- 2 ganze Karotten; fein gewürfelt (1 Tasse)
- ½ Tasse Schalotten; gehackt
- 1 Tasse Fenchel; fein gehackt
- 2 Tassen Reis; (Arborium)
- ¼ Tasse trockener Weißwein
- 2 Tassen Brokkoliröschen
- 2 ganze Karotten; gerieben
- 2 EL geriebener Parmesankäse
- 1 Esslöffel frischer Zitronensaft
- 2 Teelöffel Zitronenschale
- 2 Teelöffel frischer Thymian; gehackt

- ½ Teelöffel Salz
- Frisch gemahlener schwarzer Pfeffer; schmecken

Richtungen:

a) In einem mittelgroßen Topf Brühe zum Kochen bringen. Niedrigere Hitze zum Köcheln. In einem breiten, großen Topf mit schwerem Boden Olivenöl bei mittlerer Hitze erhitzen. Fügen Sie gewürfelte Karotten und Schalotten hinzu und kochen Sie, bis die Schalotten weich werden, etwa 6 Minuten.

b) Fenchel und Reis hinzufügen und unter ständigem Rühren 1 bis 2 Minuten kochen, bis der Reis gut bedeckt ist. Weißwein hinzufügen und kochen, bis er absorbiert ist.

c) Gib 1 Tasse kochende Brühe in den großen Topf und koche weiter, rühre um, bis die Brühe fast vollständig aufgesogen ist. Füge weiter Brühe hinzu, ½ Tasse auf einmal, rühre und koche, bis die Brühe absorbiert ist und sich der Reis vor jeder Zugabe vom Topfrand löst.

d) Fahren Sie fort, bis alle bis auf 1 & ½ Tassen der Brühe absorbiert wurden, 15 - 20 Minuten.

e) Fügen Sie Brokkoli und geriebene Karotten hinzu und kochen Sie weiter und fügen Sie die Brühe hinzu, ¼ Tasse auf einmal, bis der Reis cremig, aber in der Mitte fest ist. Dies sollte weitere 5 bis 10 Minuten dauern.

f) Vom Herd nehmen, Parmesan, Saft, Schale, Thymian, Salz, Pfeffer einrühren und sofort servieren.

45. Pfifferlingrisotto

Ausbeute: 2 Portionen

Zutaten

- 1 kleine rote Zwiebel; fein gehackt
- 1 Knoblauchzehe; fein gehackt
- 8 Unzen Pfifferlinge
- 1 Esslöffel frische Basilikumblätter; gehackt
- 3 Unzen Butter
- 2 Unzen Frischer Parmesankäse; gerieben (optional)
- 6 Unzen italienischer Risottoreis
- 5 Unzen Weißwein
- 15 Unzen Gemüsebouillon

Richtungen:

a) In einer großen Pfanne die Zwiebel und den Knoblauch in der Hälfte der Butter leicht anbraten, bis sie weich und goldbraun sind. Basilikum und

Pfifferlinge hinzufügen und einige Minuten kochen lassen.

b) Den Reis hinzufügen, eine Minute braten und dabei ständig rühren.

c) Wein und die Hälfte der Brühe angießen, aufkochen, Pfanne zudecken und köcheln lassen. Überprüfen Sie von Zeit zu Zeit, ob der Reis getrocknet ist, und fügen Sie gegebenenfalls mehr Bouillon hinzu.

d) Wenn der Reis gerade gekocht ist, die restliche Butter und den Käse unterrühren. Unter Rühren noch einige Minuten kochen lassen.

e) Mit grünem Salat und etwas Ciabatta servieren.

PILZ RISOTTO

46. Steinpilz-Trüffel-Risotto

Ausbeute: 4 Portionen

Zutaten:

- 25 Gramm Butter; (1 Unze)
- 1 Esslöffel Olivenöl
- 1 mittelgroße Zwiebel; fein gehackt
- 250 Gramm Arborio-Risottoreis; (8 Unzen)
- 2 Gemüsebrühewürfel
- 2 20 g Päckchen Steinpilze
- 2 Esslöffel Mascarpone-Käse
- 1 Teelöffel Trüffelcreme
- Salz und frisch gemahlener schwarzer Pfeffer
- Parmesanspäne

Richtungen:

a) Butter und Olivenöl in einer großen flachen Pfanne erhitzen, die Zwiebel dazugeben und bei mäßiger Hitze 3-4 Minuten leicht anbraten. Den Reis einrühren und eine weitere Minute kochen lassen, den Reis mit dem Öl bestreichen.

b) Fügen Sie nach und nach die heiße Brühe hinzu, rühren Sie die ganze Zeit um und fügen Sie zusätzliche Brühe hinzu, sobald die Brühe absorbiert wurde. Wiederholen Sie diesen Vorgang, bis die gesamte Brühe eingearbeitet ist. Dies dauert ungefähr 20 Minuten.

c) Zum Schluss Steinpilze und zurückbehaltene Flüssigkeit, Mascarpone, Trüffelcreme unterrühren und mit Salz und frisch gemahlenem schwarzem Pfeffer würzen und weitere 1-2 Minuten erhitzen. Sofort mit Parmesanspänen servieren.

47. Puschlaver Risotto

Ausbeute: 4 Portionen

Zutaten:

- 30 Gramm getrocknete Steinpilze oder andere Pilze
- 100 Gramm Butter
- 1 x Zwiebel, fein gehackt
- $\frac{1}{8}$ Teelöffel Safran, klein gebrochen
- 1 Deziliter Rotwein
- 350 Gramm Risottoreis (Arborio)
- 8 Deziliter Bouillon
- 100 Gramm geriebener Käse
- 250 Gramm Kalbfleisch, in dünne Streifen geschnitten
- 1 Deziliter Sahne
- 2 Tomaten, enthäutet und gewürfelt
- 1 Bund Petersilie, fein gehackt

Richtungen:

a) Die Champignons einweichen, dann abtropfen lassen und gut trocknen. Bewahren Sie die Einweichflüssigkeit auf.

b) 40 g Butter in einer Pfanne schmelzen: Zwiebel, Champignons, Knoblauch dazugeben und schnell anbraten; Dann den Rotwein hinzufügen und die Hitze reduzieren, damit er teilweise absorbiert wird. Dann Reis und Safran dazugeben und gut verrühren. Die Bouillon und das Pilzwasser dazugeben, umrühren und die Hitze zum Köcheln reduzieren.

c) Langsam kochen, bis die Flüssigkeit aufgesogen ist. Der Reis sollte al dente sein. -- Die Butter und der geriebene Käse werden mit dem Risotto vermischt, wenn es fertig ist.

d) Flour the veal lightly and sauté it in more butter; when done, lower the heat and add the cream, stirring carefully. Make a "dent" in the middle of the risotto and ladle the veal-and-cream mixture into this.

e) As a garnish, sauté the tomatoes and parsley in the rest of the butter, and scatter over the top of the risotto.

f) Serve.

48. Risotto with champagne

Yield: 4 servings

Ingredients:

- 1 ounce Dried mushrooms
- 3 tablespoons Butter
- 2 tablespoons Olive oil
- ¼ Yellow onion; coarsely chopped
- 1½ cup Italian Arborio rice; raw
- 3 cups Chicken stock; fresh or canned
- 1 cup Champagne or dry white wine
- ½ cup Whipping cream
- Salt; to taste

Directions:

a) Die Pilze in 1 Tasse heißem Wasser einweichen, bis sie weich sind, etwa 1 Stunde. Gießen Sie die Flüssigkeit ab und verwenden Sie sie für einen anderen Zweck, vielleicht für eine Suppenbrühe. Verwenden Sie das Pilzwasser nicht im

Risotto, da es den Geschmack von Sahne und Wein überdeckt. Die Pilze hacken. Einen 4 Liter schweren Topf erhitzen und Butter, Öl, Zwiebeln und Pilze hinzufügen.

b) Kochen, bis die Zwiebeln klar sind, dann den Reis hinzufügen. Vorsichtig umrühren, damit jedes Korn mit dem Öl bedeckt ist. In einer separaten Pfanne die Hühnerbrühe zum Köcheln bringen.

c) Fügen Sie 1 Tasse der Brühe zum Reis hinzu und rühren Sie um, um ein schönes cremiges Gericht zu erhalten. Fügen Sie weiter Brühe hinzu, während sie absorbiert wird. Wenn die Brühe aufgesogen ist, fügen Sie den Champagner hinzu und kochen Sie weiter unter leichtem Rühren.

d) Wenn der Reis anfängt zart zu werden, die Sahne hinzufügen und kochen, bis der Reis zart, aber noch etwas zäh ist. Nach Salz abschmecken und sofort servieren.

49. Mushroom risotto with pecorino

Serves 2

Ingredients:

- dried porcini 25g
- vegetable stock cube 1
- olive oil 2 tablespoons
- chestnut mushrooms 200g, quartered
- butter 25g
- shallots 3, finely chopped
- garlic 1 clove, crushed
- arborio rice 150g
- white wine 1 glass
- spinach 100g, chopped
- pecorino (or veggie alternative) 50g, finely grated, plus a little extra to serve, if you like
- lemon 1, zested

Directions:

a) Put the porcini in a small bowl, pour over 300ml boiling water and leave to soak for 15 minutes.

b) Strain the liquid through a fine sieve into a jug and top up with boiling water to 600ml. Crumble in the stock cube or stir in 1 teaspoon of stock powder or liquid. Roughly chop the porcini.

c) Heat 1 tablespoon olive oil in a wide, shallow, non-stick pan and add the chestnut mushrooms.

d) Fry, keeping the heat fairly high, until the mushrooms have turned golden and shrunk a little (this will help concentrate the flavour). Scrape the mushrooms out of the pan into a bowl and give the pan a wipe.

e) Add 1 tablespoon of oil and the butter to the pan, and cook the shallots and garlic until softened. Add the porcini and risotto rice, and stir until coated. Tip in the wine and simmer until it's all absorbed.

f) Gradually add the porcini stock liquid, stirring until the rice is almost tender, then add the chestnut mushrooms.

g) Add the last of the stock along with the spinach, pecorino and lemon zest.

h) Take off the heat, put on a lid and sit for 5 minutes before serving in bowls with extra cheese, if you like.

50. Wild rice & mushroom risotto

Serves 4

Ingredients:

- garlic 1 whole bulb
- olive oil
- shallots 4, finely diced
- white wine 125ml
- wild rice mix 300g
- thyme 2 sprigs, leaves picked
- vegetable stock 2 litres, heated
- arborio rice 100g
- mixed mushrooms 200g, cleaned and sliced
- low-fat crème fraîché 2 tablespoons

Directions:

a) Heat the oven to 200C/fan 180C/gas 6. Trim the top of the garlic bulb so that most of the cloves are exposed.

b) Rub with 1 teaspoon oil, season all over, wrap tightly in foil, and put cut-side up onto a baking tray. Roast for 30-40 minutes until the garlic is really soft when you press it.

c) Heat 1 teaspoon oil in a pan and fry the shallots until soft. Add the wine and simmer until reduced by half, then stir in the wild rice mix and half the thyme. Add the stock 1/3 at a time, stirring often.

d) After 20 minutes and about 2/3 of the stock has been stirred in, add the arborio and cook for a further 20 minutes, or until the rice is tender. Add a little water if all the stock has been absorbed, but the rice isn't cooked.

e) Fry the mushrooms in 1 teaspoon oil for 5-10 minutes until golden and tender. Season and add the remaining thyme leaves.

f) Stir the mushrooms and crème fraîché through the risotto. Squeeze the garlic cloves out of their skins and stir through to serve.

51. Mushroom & spinach risotto

Serves 2

Ingredients:

- dried porcini 25g
- butter 50g
- onion 1 small, finely chopped
- garlic 1 clove, crushed
- chestnut mushrooms 200g, sliced
- risotto rice 150g
- white wine a glass
- vegetable stock 750ml, kept simmering
- spinach 100g, washed and chopped
- parmesan few shavings (optional)

Directions:

a) Die Steinpilze 10 Minuten in einer Tasse kochendem Wasser einweichen. Die Flüssigkeit durch ein Sieb passieren, um Schmutz zu entfernen und für das Risotto aufzubewahren. Steinpilze grob hacken.

b) Die Butter in einem breiten flachen Topf erhitzen und die Zwiebel und den Knoblauch anbraten, bis sie weich sind. Die Kastanienpilze hinzufügen und 5 Minuten kochen lassen, dann die Steinpilze und den Risottoreis hinzufügen und umrühren, bis sie bedeckt sind.

c) Den Wein einfüllen und sprudeln, bis alles aufgesogen ist. Fügen Sie nach und nach die Brühe und die Einweichflüssigkeit hinzu und rühren Sie, bis der Reis weich ist, aber noch etwas Biss hat (Sie benötigen möglicherweise nicht die gesamte Brühe).

d) Den Spinat unterrühren, bis er gerade zusammengefallen ist. Nach Belieben mit etwas Parmesan bestreut servieren.

52. Risottokuchen mit Pilzen

Portionen 8

Zutaten:

- Olivenöl
- Zwiebeln 2, fein gehackt
- Knoblauch 3 Zehen, zerdrückt
- Risottoreis 350g
- Gemüsebrühe 1 Liter, heiß
- Waldpilze 200g
- Butter 25g, plus ein Stück
- Thymian 5 Zweige
- Parmesan oder Grana Padano (oder vegetarische Alternative) 85g, gerieben
- Ricotta 150g
- Eier 2, mit einer Gabel geschlagen
- Taleggio oder vegetarische Alternative 85g, in dünne Scheiben geschnitten

Richtungen:

a) 2 EL Olivenöl in einer großen Pfanne erhitzen und die Zwiebeln und den Knoblauch darin leicht anbraten, bis sie weich sind.

b) Rühren Sie den Reis eine Minute lang ein, rühren Sie dann die Brühe nach und nach ein. 20 Minuten weiterkochen und Brühe hinzufügen, bis der Reis weich ist. Auf einem Blech verteilen, damit es etwas abkühlen und fest werden kann.

c) In der Zwischenzeit den Backofen auf 180 °C/Umluft 160 °C/Gas 4 vorheizen. Eine Form mit 22 cm tiefem Rand und lockerem Boden leicht einfetten. Die Champignons mit der Butter und den Thymianblättern von 2 Zweigen in die ausgeräumte Pfanne geben und goldbraun braten.

d) Den abgekühlten Reis mit den meisten Champignons, dem gesamten Parmesan, Ricotta und Eiern in eine Rührschüssel kratzen, reichlich würzen und gut vermischen.

e) Geben Sie die Reismischung in die Form und drücken Sie sie fest aus, um die Oberseite glatt zu machen. Restliche Champignons, Taleggio und Thymianzweige darüberstreuen und andrücken, damit alles zusammenklebt, dann mit etwas Olivenöl beträufeln.

f) 25-30 Minuten backen, bis sie oben goldbraun und knusprig sind. 20 Minuten abkühlen lassen, dann in Spalten schneiden und mit Salat servieren.

53. Risotto mit Eiern und Sojasprossen

Ausbeute: 4 Portionen

Zutaten

- 4 Eier
- 1 große Zwiebel; fein geschnitten
- 1 grüner Pfeffer; entkernt und in Scheiben geschnitten
- 2 Esslöffel Pflanzenöl
- 125 Gramm Pilze; geschnitten
- 225 Gramm gebrochener (bulgarischer) Weizen
- 400 Gramm gehackte Premium-Tomaten aus der Dose
- 450 Milliliter Gemüsebrühe aus einem Brühwürfel
- 200 Gramm Sojasprossen
- 4 Esslöffel Satay-Pfanne-Sauce
- Salz und frisch gemahlener schwarzer Pfeffer

- Frische Korianderblätter zum Garnieren, optional

Richtungen:

a) Die Eier in einen Topf mit kaltem Wasser geben, aufkochen und 7 Minuten köcheln lassen, bis sie hart sind. Abgießen, die Schalen sofort aufschlagen und unter fließendem kaltem Wasser abkühlen lassen. In einer Schüssel belassen, bis es benötigt wird.

b) Zwiebel und Paprika im Öl in einer großen Pfanne 3-4 Minuten dünsten, bis sie weich sind. Champignons und Weizenschrot dazugeben, alles gut verrühren, dann die gehackten Tomaten und die Gemüsebrühe hinzugeben.

c) Aufkochen, dann 10 Minuten köcheln lassen, bis der Weizen schön aufgebläht ist und die Brühe fast vollständig aufgesogen ist.

d) In der Zwischenzeit die Eier schälen, drei grob hacken und die restlichen vierteln und beiseite stellen.

e) Die gehackten Eier zu der Weizenmischung und der Satay-Sauce geben und 2-3 Minuten erhitzen.

f) Mit Salz und Pfeffer gut würzen, dann das Risotto in eine vorgewärmte Servierschüssel geben und mit dem restlichen Ei und eventuell frischen Korianderblättern garnieren.

54. Tomatenrisotto & Champignons

Ausbeute: 1 Portionen

Zutaten

- 1 Pfund frische Tomaten; halbiert und entkernt
- Spritzer Olivenöl
- Salz
- Frisch gemahlener schwarzer Pfeffer
- 4 mittelgroße Portobello-Pilze; aufgestaut und gereinigt
- 1 Pfund Frischer Mozzarella-Käse; geschnitten
- 1 Esslöffel Olivenöl
- 1 Tasse gehackte Zwiebeln
- 6 Tassen Wasser
- 1 Teelöffel gehackter Knoblauch
- 1 Pfund Arborio-Reis
- 1 Esslöffel ungesalzene Butter

- ¼ Tasse Sahne
- ½ Tasse frisch geriebener Parmigiano-Reggiano-Käse
- 3 Esslöffel Gehackte Frühlingszwiebeln;

Richtungen:

a) Den Grill auf 400 Grad vorheizen. In einer Rührschüssel die Tomaten mit Olivenöl, Salz und Pfeffer vermischen. Auf den Grill legen und von jeder Seite 2 bis 3 Minuten garen. Vom Grill nehmen und beiseite stellen. Backofen auf 400 Grad vorheizen.

b) Den Portobello-Pilz auf ein mit Backpapier ausgelegtes Backblech legen, Hohlraum nach oben. Die Champignons von beiden Seiten mit Olivenöl beträufeln.

c) Beide Seiten mit Salz und Pfeffer würzen. Ein Viertel des Käses über jede Vertiefung des Pilzes fächern.

d) In den Ofen geben und kochen, bis die Pilze weich sind und der Käse sprudelt, etwa 10 Minuten. Das Olivenöl in einer großen Bratpfanne bei mittlerer Hitze erhitzen.

e) Fügen Sie die Zwiebeln hinzu. Mit Salz und Pfeffer würzen. 3 Minuten anbraten, bis die Zwiebeln leicht weich sind.

f) Fügen Sie das Wasser und den Knoblauch hinzu. Die Mischung zum Kochen bringen, die Hitze auf mittlere Stufe reduzieren und etwa 6 Minuten köcheln lassen.

g) Den Reis hinzufügen und unter ständigem Rühren köcheln lassen, bis die Mischung cremig und sprudelnd ist, etwa 18 Minuten. Butter, Sahne, Käse und Frühlingszwiebeln einrühren.

h) Unter ständigem Rühren etwa 2 Minuten köcheln lassen. Vom Herd nehmen und die Tomaten einrühren. Zum Servieren jeden Portobello in Viertel schneiden. Das Risotto in jede Servierschüssel geben. 2 Scheiben Portobello auf das Risotto legen.

i) Mit Petersilie garnieren.

55. Spargel-Pilz-Risotto

Ausbeute: 4 Portionen

Zutat

- Oliven- oder Salatöl
- 1½ Pfund Spargel, harte Enden abgeschnitten und Speere in 1 1/2-Zoll-Stücke geschnitten
- 2 mittelgroße Karotten, in dünne Scheiben geschnitten
- ¼ Pfund Shiitake-Pilze, Stiele entfernt und Kappen in 1/4 Zoll dicke Scheiben geschnitten
- 1 mittelgroße Zwiebel, gehackt
- 1 mittelgroße rote Paprika, in 2,5 cm lange streichholzdünne Streifen geschnitten
- 2 Packungen (5,7-oz) Primavera-Geschmack ODER Pilz-Geschmack Risotto-Mix
- Petersilienzweige zum Garnieren

- geriebener Parmesankäse (optional)

Richtungen:

a) In einem 4-Liter-Topf bei mittlerer Hitze in 1 T heißem Oliven- oder Salatöl den Spargel goldgelb und zart-knusprig kochen. Mit einem Schaumlöffel den Spargel in eine Schüssel geben.

b) In dem im Topf verbleibenden Öl und zusätzlichem heißem Oliven- oder Salatöl Karotten, Pilze und Zwiebeln kochen, bis das Gemüse knusprig ist und anfängt, braun zu werden. Fügen Sie roten Pfeffer hinzu; kochen, rühren, 1 Minute.

c) Risottomischung und 4 C Wasser hinzufügen, bei starker Hitze zum Kochen bringen.

d) Reduzieren Sie die Hitze auf niedrig; abdecken und 20 Minuten köcheln lassen. Topf vom Herd nehmen. Spargel einrühren; abdecken und 5 Minuten stehen lassen, damit der Reis Flüssigkeit aufnehmen kann.

e) Zum Servieren das Risotto auf einen Teller geben. Mit Petersilienzweigen garnieren.

f) Nach Belieben mit geriebenem Parmesankäse servieren.

56. Risotto mit Herbstgemüse

Ausbeute: 4 Portionen

Zutaten

- 2 Esslöffel Olivenöl
- 2 Esslöffel Butter
- 1 Zwiebel, gehackt
- 2 Knoblauchzehen, gehackt
- 1 Tasse Champignons, in Scheiben geschnitten
- 1 Zucchini, große Würfel
- 1 süße rote Paprika, gewürfelt
- 1 Tasse Maiskörner, gekocht
- 1 Teelöffel frischer Rosmarin, gehackt
- $\frac{1}{4}$ Teelöffel Pfeffer
- Prise Salz
- Prise Paprikaflocken
- 1 Esslöffel Zitronenschale, gerieben
- $1\frac{1}{2}$ Tasse Arborio-Reis

- 4½ Tasse Gemüse-/Hühnerbrühe
- ¾ Tasse Parmesan, frisch gerieben
- 1 Esslöffel Zitronensaft

Richtungen:

a) In einem großen schweren Topf die Hälfte des Öls und der Butter bei mittlerer Hitze erhitzen; Zwiebel, Knoblauch und Champignons unter Rühren 5 Minuten kochen oder bis sie weich sind.

b) Fügen Sie Zucchini, rote Paprika, Mais, Rosmarin, Pfeffer, Salz und scharfe Pfefferflocken hinzu; kochen, 3-5 Minuten rühren oder bis die Flüssigkeit verdampft ist.

c) Aus der Pfanne nehmen und beiseite stellen; warm halten.

d) Restliches Öl und Butter in derselben Pfanne bei mittlerer Hitze erhitzen. Zitronenschale und Reis hinzufügen; unter Rühren 1 Minute kochen. ½ Tasse der Brühe einrühren; unter ständigem

Rühren kochen, bis alle Flüssigkeit aufgesogen ist.

e) Fügen Sie weiter Brühe hinzu, jeweils ½ Tasse, kochen und rühren Sie, bis jede Zugabe absorbiert ist, bevor Sie die nächste hinzufügen, bis der Reis insgesamt 15-18 Minuten weich ist.

f) ½ Tasse Käse einrühren. Zitronensaft und Gemüsemischung einrühren; Hitze durch. Mit mehr Salz und Pfeffer abschmecken.

VEGANES RISOTTO

57. Veganes Risotto

Für 4

Zutaten:

- Olivenöl 1 Esslöffel
- Zwiebel 1, fein gehackt
- Fenchel 1 Knolle, fein gehackt
- Zucchini 1, längs halbiert und in dünne Scheiben geschnitten
- Knoblauch 3 Zehen, fein gehackt
- Fenchelsamen ½ Teelöffel, leicht zerdrückt
- Risottoreis 200g
- veganer Weißwein ein kleines Glas (optional)
- Gemüsebrühe 800ml, heiß
- gefrorene Erbsen 200g
- Nährhefe 2 Esslöffel
- Zitrone 1, geschält und entsaftet
- glatte Petersilie ein kleiner Bund, fein gehackt

Richtungen:

a) Olivenöl in einer großen, tiefen Pfanne erhitzen, Zwiebel, Fenchel und Zucchini hinzufügen und 10 Minuten braten, bis sie weich sind.

b) Fügen Sie die Knoblauch- und Fenchelsamen hinzu und kochen Sie sie 2 Minuten lang, dann fügen Sie den Reis hinzu und rühren Sie, bis jedes Korn leicht mit Öl bedeckt ist. Gießen Sie den Wein hinzu, wenn Sie ihn verwenden, und sprudeln Sie, bis er auf die Hälfte reduziert ist.

c) Bewahren Sie die Gemüsebrühe in einer Pfanne bei sehr geringer Hitze auf, um sie warm zu halten. Eine Kelle nach der anderen zum Risotto geben, erst nach dem vollständigen Aufsaugen des letzten Löffels unter ständigem Rühren mehr dazugeben.

d) Wenn der Reis gar ist, aber noch etwas Biss hat, fügen Sie die gefrorenen Erbsen hinzu und kochen Sie noch einige Minuten, bis er gerade gekocht ist.

e) Stir in the nutritional yeast, lemon zest and juice, and some seasoning, divide between shallow bowls and top with the parsley.

58. Vegan mushroom risotto

Serves 4-6

Ingredients:

- dried porcini mushrooms 20g
- olive oil 1½ tablespoons
- onion 1 large, finely chopped
- celery 2 sticks, finely chopped
- chestnut mushrooms 150g, sliced
- garlic 3 cloves, crushed
- risotto rice 300g
- vegan white wine 125ml
- hot vegetable stock 200-400ml
- lemon ½ small, zested
- parsley a small bunch, finely chopped
- truffle paste 1-2 tablespoons, depending on strength

PICKLED MUSHROOMS

- cider vinegar 75ml
- caster sugar 50g

- mixed wild mushrooms 50g, torn into bite-sized pieces

Truffled mushrooms

- mixed wild mushrooms 100g, torn into bite-sized pieces

- chives finely snipped to make 1 tablespoon, plus extra to serve

- truffle oil 1 tablespoon, plus extra to serve

Directions:

a) Put the dried porcini in a heatproof bowl and pour over 600ml of just-boiled water. Leave to soak.

b) To make the pickled mushrooms, put the vinegar, 75ml of water, the sugar and a pinch of salt in a small pan. Heat until the sugar dissolves, then remove from the heat to cool slightly.

c) Put the mushrooms in a heatproof bowl, pour over the pickling liquid, and leave while you make the risotto.

d) Heat 1 tablespoon of the oil in a deep frying pan over a medium heat and fry the onion and celery for 10 minutes until softened but not golden. Add the chestnut mushrooms and turn up the heat slightly.

e) Fry, stirring frequently, for another 8-10 minutes or until the mushrooms have released their liquid and are starting to turn golden.

f) Strain the porcini into a jug, discarding the last few tablespoons of the stock. Stir the garlic and rice into the pan with the veg mixture, coating the rice in the oil, and cook for 1-2 minutes or until the garlic is fragrant.

g) Add the wine and bubble for a minute, then add the porcini mushroom stock, a splash at a time, stirring continuously and waiting for each addition to be absorbed before adding more.

h) When all the mushroom stock has been added, add the vegetable stock.

i) After about 15-20 minutes, check the rice to make sure it's tender. Add a splash more stock or water if you need to continue cooking for a few minutes.

j) When the rice is just tender, stir in the rehydrated porcini, the lemon zest, parsley and truffle paste. Cover, remove from the heat and leave for 5 minutes.

k) Für die getrüffelten Champignons das restliche Olivenöl in einer Pfanne bei starker Hitze erhitzen und die Champignons anbraten, bis sie leicht golden und leicht weich sind. Mit Salz würzen, dann vom Herd nehmen und Schnittlauch und Trüffelöl einrühren.

l) Die getrüffelten Champignons vorsichtig unter das Risotto rühren, dann die eingelegten Champignons abtropfen lassen und darüber löffeln.

m) Mit etwas Trüffelöl beträufeln und zum Servieren mit etwas Schnittlauch bestreuen.

59. Dinkelrisotto mit Champignons

Für 4

Zutaten:

- getrocknete Steinpilze 20g
- Pflanzenöl 2 Esslöffel
- Kastanienpilze 250g, in Scheiben
- Zwiebel 1, fein gehackt
- Knoblauch 2 Zehen, fein gehackt
- geperlter Dinkel 250g
- Weißwein ein Glas (optional)
- Gemüsebrühe 500ml, heiß
- Weichkäse 2 Esslöffel
- Italienischer Hartkäse 25g, fein gerieben, plus extra zum Servieren
- glatte Petersilie ein kleiner Bund, Blätter gerissen
- Zitrone 1, geschält und ein Spritzer Saft

Richtungen:

a) Die getrockneten Steinpilze in eine kleine Schüssel geben und mit 250 ml frisch abgekochtem Wasser übergießen.

b) 1 Esslöffel Pflanzenöl in einer großen Pfanne bei starker Hitze erhitzen und die Kastanienpilze dazugeben. 5-10 Minuten kochen lassen oder bis die gesamte Feuchtigkeit verdampft ist und sie karamellisiert sind.

c) Reduzieren Sie die Hitze und fügen Sie das restliche Öl, die Zwiebel, den Knoblauch und etwas Gewürze hinzu und kochen Sie alles 5 Minuten lang weich, bis es weich ist.

d) Den Dinkel hinzufügen und mischen, bis er vollständig mit Öl bedeckt ist. Gießen Sie den Wein hinzu, wenn Sie ihn verwenden, und kochen Sie, bis er um 1/2 reduziert ist.

e) Die Steinpilze abtropfen lassen, dabei die Flüssigkeit auffangen, hacken und unter das Risotto rühren. Die Steinpilzflüssigkeit in die Brühe geben und löffelweise unter das Risotto rühren.

25 Minuten kochen lassen oder bis der Dinkel weich ist.

f) Den Weich- und Hartkäse unterrühren, gefolgt von der Petersilie.

g) To serve, divide between bowls, squeeze over a little lemon juice, scatter over the lemon zest, and extra cheese, if you like.

60. Courgette & Pea Risotto

Serves 4

Ingredients:

- olive oil spray
- onion 1 large, diced
- garlic 1 clove, crushed
- pearl barley 200g
- vegetable stock 600ml, hot
- fresh peas 150g
- courgette 2, shredded
- artichoke hearts 6 in brine, sliced
- quark 3 tablespoons

Directions:

a) Heat a spray of olive in a frying pan and fry the onion until soft. Add the garlic for a minute, then add the barley. Stir with the onion and pour over the hot stock.

b) Cover and simmer for 40 minutes, or until the barley is tender.

c) Stir though the peas, courgette and artichokes with lots of seasoning, and simmer for another 5 minutes until the peas are cooked.

d) Remove from the heat, stir in the quark and serve.

61. Leek & parmesan risotto

Serves 2

Ingredients:

- butter 25g
- olive oil 1 tablespoon
- spring onions 4, chopped
- leeks 2, trimmed and finely chopped
- garlic 2 cloves, sliced
- arborio rice 150g
- white wine a glass
- vegetable or chicken stock 750ml
- parmesan (or vegetarian alternative) 25g, finely grated (we used Parmigiano Reggiano)

Directions:

a) Bring the stock to a simmer. Heat a large wide pan and add half the butter and the olive oil. Add the spring onions, leeks and garlic and cook for 5 minutes until softened.

b) Add the rice and stir to coat then tip in the wine and bubble until reduced. Add the stock a little at a time, stirring until the rice is tender with a little bite and oozy.

c) Stir in the parmesan and the rest of butter and season.

62. Cabbage risotto

Yield: 3 servings

Ingredients

- 4 tablespoons Olive oil
- ⅓ cup Onion, minced
- 1 cup Arborio rice
- 2¾ cup Vegetable stock
- 1 cup Green cabbage, shredded
- ¼ cup Italian parsley, chopped
- Salt & pepper, to taste

Directions:

a) Heat oil in a large casserole pot until hot. Add onion, stir to coat & sauté for a few minutes till soft, but not browned. Add rice, stir to coat & cook for 1 minute.

b) Add stock & bring to a boil, stirring frequently. Let stock come to a rolling boil, reduce heat & simmer, partially covered for 10 minutes.

c) Add cabbage, parsley, salt & pepper. Stir well & keep simmering, stirring occasionally until the rice is cooked & creamy & all the stick has been absorbed.

d) Serve immediately.

SEAFOOD RISOTTO

63. Prawn Risotto with Scallops

Serves 4

Ingredients:

- butter 100g, plus a knob
- shallots 2, finely chopped
- risotto rice 450g
- fish or light chicken stock 750ml-1 litre, hot
- raw peeled prawns 350-400g
- lemon 1, zested and juiced
- mascarpone 3 tablespoons
- scallops 12, orange roe and side muscles removed
- chives 1 bunch, finely chopped
- basil ½ bunch, chopped

Directions:

a) Melt the butter in a large heavy-based pan and cook the shallot gently until soft but not coloured. Add the rice and stir until the grains are well coated in butter.

b) Add the hot stock gradually, about 200ml at a time, stirring each addition in well, until the rice is just tender, this will take about 20 minutes. How much stock you need will depend on the type of rice you use.

c) Add the prawns when the rice is done but still al dente, then season and add the lemon zest and juice. Turn the prawns over so they cook on both sides, and when they're done, add the mascarpone and fold it in.

d) Leave the risotto to sit for 5 minutes while you fry the scallops for a minute on each side in a knob of butter in a frying pan. Add these to the risotto and sprinkle with chopped chives and basil.

64. Crab risotto with spinach and peas

Serves 4-6

Ingredients:

- olive oil for frying
- onion 1, thinly sliced
- spring onions a small bunch, finely sliced
- arborio rice 350g
- garlic 2 cloves, crushed
- white wine 170ml
- chicken stock 1.1 litres
- frozen petits pois 150g
- parmesan 70g, grated, plus extra to serve
- lemon ½, juiced, plus wedges to serve
- double cream 2 tablespoons

Green sauce

- spinach 200g
- frozen petits pois 150g, defrosted
- extra-virgin olive oil 60ml

Crab salsa

- red onion ½, finely chopped
- white crabmeat 200g
- red chilli 1, de-seeded and finely chopped
- flat-leaf parsley a handful, chopped
- lemon ½, juiced

Directions:

a) Heat oil in a large casserole or deep frying pan and gently fry the onion and spring onions for 5 minutes until softened.

b) Turn up the heat to medium, add the rice and garlic, and fry for 1 minute until the rice is coated in the oil and turning translucent.

c) Den Wein unter ständigem Rühren angießen und fast vollständig einkochen lassen. Reduzieren Sie die Hitze auf niedrig bis mittel und fügen Sie langsam die Brühe hinzu, eine Schöpfkelle nach der anderen, unter regelmäßigem Rühren, und geben Sie erst nach, wenn die letzte Schöpfkelle aufgesogen ist. Jahreszeit.

d) Für die grüne Sauce Spinat, Erbsen, Olivenöl und 100 ml Wasser in einen Mixer oder eine Küchenmaschine geben. Blitz zu einer glatten Soße.

e) Wenn Sie die gesamte Brühe hinzugefügt haben und der Reis fast gar ist (dies dauert etwa 25-30 Minuten), rühren Sie die grüne Sauce unter. Das Risotto weitere 10 Minuten weiterrühren, dann Erbsen, Parmesan, Zitrone und Sahne unterrühren.

f) Würzen und 5 Minuten köcheln lassen, bis die Erbsen gar sind und der Reis zart ist.

g) Alle Zutaten für die Krabbensalsa vermischen.

h) Zum Servieren das Risotto in Schüsseln füllen und mit Krabbensalsa und einem Schuss Olivenöl beträufeln. Mit Zitronenspalten und Parmesan servieren.

65. Heißgeräuchertes Lachsrisotto

Für 2

Zutaten:

- Butter
- Zwiebel 1, fein gehackt
- Risottoreis 150g
- Weißwein kleines Glas, ca. 125ml
- Gemüsebrühe 1 Liter erhitzt und köchelnd
- Zitrone 1, entsaftet und abgerieben
- Dill eine Handvoll, gehackt
- heißgeräucherte Lachsfilets 150g, in Flocken

Richtungen:

a) Ein Stück Butter in einer breiten flachen Pfanne schmelzen.

b) Die Zwiebeln weich kochen, dann den Reis hinzufügen und umrühren. Den Wein dazugeben und sprudeln lassen, bis er absorbiert ist, dann nach und nach die

Brühe unter Rühren hinzufügen, bis der Reis gerade zart ist.

c) Zitrone dazugeben, Lachs und Dill unterrühren und servieren.

66. Krabbenrisotto mit brauner Butter

Für 2

Zutaten:

- Schalotten 2 lange oder 4 runde, gewürfelt

- gesalzene Butter 25g, plus ein paar Noppen

- Risottoreis 150g

- braunes oder weißes Krabbenfleisch 100g gemischter Topf

- trockener Weißwein 175ml

- Fischfond 550ml, heiß

- geriebener Parmesan 1 Esslöffel

- weißer Pfeffer oder gemahlene Muskatblüte oder Muskatnuss je eine Prise davon

- Schnittlauch ein paar, zum Servieren geschnitten

Richtungen:

a) Die Schalotten in ein paar Butterflöckchen in einer Pfanne leicht anschwitzen. Wenn sie weich, aber nicht gefärbt sind, den Reis eine Minute lang einrühren, gefolgt von nur dem braunen Krebsfleisch. Den Wein darübergießen und köcheln lassen, bis er fast verdampft ist.

b) Schöpfkelle nach der anderen, den größten Teil der Fischbrühe hinzufügen (ein paar Löffel zurücklassen) und nach jeder Zugabe umrühren, bis die Brühe fast aufgesogen ist.

c) Wenn der Reis zart und cremig ist, vom Herd nehmen, den Parmesan einrühren und mit einem Deckel oder einem Blech abdecken, damit er warm bleibt.

d) 25 g Butter in einer kleinen Pfanne schmelzen. Wenn sie vollständig geschmolzen ist, unter ständigem Rühren die Hitze etwas erhöhen, bis die Butter goldbraun und nussig ist.

e) Das weiße Krabbenfleisch einrühren, um es leicht zu erwärmen.

f) Uncover the risotto and give it a stir – if it has thickened on standing stir in the last ladleful of stock – and season with a pinch of ground mace, nutmeg, white pepper and salt.

g) Spoon over the white crabmeat and brown butter. Sprinkle with chives to serve.

67. Mussel risotto

Serves 4

Ingredients:

- 1.2 kg (2lbs) fresh, live mussels, scrubbed and cleaned thoroughly
- 6 tablespoons Extra Virgin olive oil
- 2 cloves garlic, peeled and finely chopped
- 600g ripe, squashy tomatoes,
- 350g (12oz) preferably Arborio rice
- 1.2 litres (2 pints) fish stock
- a handful of fresh, flat leaf parsley
- sea salt and freshly ground black pepper
- 25g (1oz) unsalted butter

Directions:

a) Put all the clean mussels into a wide, shallow pan. Put a lid on the pan and put the pan over a medium to high heat.

b) Shake the pan over the heat, encouraging all the mussels to open up.

c) Nach etwa 8 Minuten sind alle geöffnet, die geöffnet werden sollen. Nehmen Sie die Muscheln heraus, wenn sie sich öffnen.

d) Entfernen Sie die Muscheln aus den Schalen und entsorgen Sie alle bis auf die schönsten Schalen, die Sie zum Dekorieren aufbewahren können.

e) Die Flüssigkeit der Muscheln durch ein sehr feines Sieb streichen und beiseite stellen. Entsorgen Sie alle ungeöffneten Schalen und leeren Schalen, die Sie nicht haben möchten.

f) Als nächstes den Knoblauch und das Öl zusammen anbraten, bis der Knoblauch blond ist, dann den ganzen Reis hinzufügen.

g) Alles gründlich vermischen, bis der Reis knisternd heiß und gut mit Öl und Knoblauch bedeckt ist. Nun die

Flüssigkeit von den Muscheln und Tomaten dazugeben.

h) Mischen, bis der Reis die Flüssigkeit aufgenommen hat, dann beginnen Sie nach und nach, die heiße Fischbrühe hinzuzugeben.

i) Rühren Sie ständig um und fügen Sie erst dann mehr Brühe hinzu, wenn die vorherige Menge vom Reis aufgenommen wurde.

j) Continue in this way until the rice is three quarters cooked, then add the cooked mussels and the parsley.

k) Season with salt and pepper and resume adding stock, stirring and adding more stock once the rice has soaked up the previous stock.

l) When the rice is creamy and velvety, but the grains are still firm in the centre, take the risotto off the heat and stir in the butter.

m) Cover and leave to rest for 2 minutes, then transfer to a warmed platter, decorate with the saved shells and serve at once.

68. Shellfish risotto

Yield: 4 servings

Ingredient

- 1 kilograms Mussels; cleaned
- 200 millilitres Dry white wine
- 600 millilitres Fish stock
- 3 tablespoons Extra virgin olive oil
- 750 grams Chilled unsalted butter; diced
- 1 onion
- 2 Garlic cloves; finely chopped
- 1 2 1/2 cm pie fresh root ginger, grated
- 1 Red chilli; seeded and finely chopped
- 350 grams Arborio rice or other rice
- 1 Prise Safranstaubgefäße; in 1 EL warmem Wasser eingeweicht
- 225 Gramm Tintenfisch; gereinigt und in Scheiben geschnitten

- 225 Gramm Ungekochte, geschälte Tigergarnelen

- 2 Pflaumentomaten; ausgesät und gewürfelt

- 2 Esslöffel gehacktes frisches Basilikum und glatte Petersilie

- Salz und frisch gemahlener schwarzer Pfeffer

Richtungen:

a) Die Muscheln mit 50 ml Wein in einen Topf geben. Fest zudecken und bei starker Hitze einige Minuten unter gelegentlichem Schütteln kochen, bis sie sich geöffnet haben - alles, was nicht geöffnet ist, entsorgen. Durch ein Sieb streichen. Das Fleisch von den Muscheln nehmen und aufbewahren.

b) Geben Sie die Brühe in eine Pfanne und gießen Sie die Kochflüssigkeit ein. Lassen Sie dabei alle Körner zurück - Sie sollten insgesamt 300 ml / halbes Pint haben. Leicht köcheln lassen.

c) Zwei Esslöffel Öl und 25 g Butter in einer Bratpfanne erhitzen.

d) Zwiebel, Knoblauch, Ingwer und Chili dazugeben und etwa 5 Minuten braten, bis sie weich, aber nicht gebräunt sind.

e) Stir in the rice and cook for a few minutes until nutty and perfumed. Add the remaining wine and allow to bubble away, stirring. Add a ladleful of the stock and cook gently, stirring, until absorbed.

f) Continue to add stock in this way, adding the saffron mixture after about 10 minutes - the whole process takes 20-25 minutes until the rice is tender but 'al dente'.

g) Heat the remaining tablespoon of oil in a wok. Add the squid and prawns and stir-fry for 1-2 minutes, then add the tomatoes, herbs and reserved mussel meat, toss together and remove from the heat.

h) About 2 minutes before the risotto is cooked fold in the shellfish mixture and then fold in the remaining butter, stirring until emulsified. Serve at once.

69. Cajun style shrimp risotto

Yield: 4 Servings

Ingredients

- 29 ounces Chicken broth; 2 cans
- 1 pounds Medium shrimp; shelled and deveined
- 1 teaspoon Salt; divided
- 2 tablespoons Olive oil; divided
- 10 ounces Tomatoes with green chilis; canned (reserve juice)
- 2 cups Arborio rice

Directions:

a) Bring broth and $2\frac{3}{4}$ cups water to a simmer in large saucepan.

b) Heat 1 tablespoon oil in Dutch oven over high heat 3 minutes. Add shrimp, spread evenly in pan. Cook 2 minutes, turning once, until browned.

c) Add tomato, green chilies and juice, boil 1 to 2 minutes; transfer shrimp mixture to bowl.

d) Reduce heat to medium-high. Add remaining tablespoon oil to pot. Add rice and cook 1 minute, stirring until grains are glistening. Stir in 1 cup broth mixture and cook, stirring until liquid is just absorbed.

e) Gradually add remaining broth mixture to rice, $\frac{1}{2}$ cup at a time, stirring constantly until liquid is absorbed, 20 to 25 minutes more. Stir in shrimp mixture and remaining $\frac{1}{2}$ teaspoon salt.

f) Serve immediately.

70. Krabbenkuchen & Frühlingszwiebelrisotto

Ausbeute: 4 Portionen

Zutaten

- 300 Milliliter Wittlingfilet
- 2 Eier
- Salz und gemahlener weißer Pfeffer
- 1 rote Chili; gesät und fein
- ; gehackt
- ½ Teelöffel Koriander gemahlen
- ½ Teelöffel gemahlener Ingwer
- Etwas fein geriebene Limettenschale
- 1 Schalotte; fein gehackt
- 85 Milliliter Doppelrahm
- 100 Gramm weißes Krabbenfleisch
- Einfaches Mehl und trockene Semmelbrösel für
- ; Glasur
- 1 Esslöffel Olivenöl

- 2 Schalotten; fein gehackt
- 1 Knoblauchzehe; fein gehackt
- ½ Teelöffel frischer Thymian; gehackt
- 200 Gramm Risottoreis
- 400 Milliliter heiße Gemüsebrühe
- 2 Esslöffel Doppelrahm
- 100 Gramm Mascarpone
- 4 Frühlingszwiebeln; gehackt
- 75 Gramm Parmesan; gerieben
- 200 Gramm Pflaumentomaten; gehäutet, entkernt
- 3 Schalotten; fein gehackt
- 1 rote Chili; ausgesät
- 1 Knoblauchzehe; zerquetscht
- 4 Teelöffel Senf-Vinaigrette
- Pflanzenöl zum Frittieren
- 4 Esslöffel Chiliöl
- Kerbelzweige; zum Garnieren

Directions:

a) For crab cakes, liquidize whiting with 1 egg until smooth. Add salt, pepper, chilli, coriander, ginger, lime zest and shallot, then fold in the cream and the crab meat.

b) Divide into four and shape into rounds. Chill until firm.

c) Roll in flour, brush with the remaining egg, beaten and coat in bread crumbs. Coat again with flour, egg and crumbs, then chill crab cakes until ready to cook.

d) For risotto, heat the oil in a frying pan and fry the shallots, garlic and thyme until soft. Add the rice and cook for 2-3 minutes, then pour on the hot stock.

e) Simmer for 10-15 minutes, stirring frequently, until the rice is tender but still has a little bite.

f) When ready to serve, stir in the cream and reheat. Add mascarpone, spring onion and parmesan and check the seasoning.

g) For the salsa, mix all the Ingredients together and chill.

h) To serve, deep fry the crab cakes in hot oil until golden. Drain on kitchen paper. Spoon hot risotto in the centre of four serving dishes and place a crab cake on top of each. Spoon a little salsa on each crab cake and drizzle the chilli oil around the risotto. Garnish with chervil sprigs.

71. Salmon risotto

Serves 4

Ingredients:

- 400g (14oz) Salmon fillet
- 1 bay leaf
- sea salt 400g (14oz)
- 5 black peppercorns
- 1 glass dry white wine
- 2 tablespoons chopped fresh parsley
- a handful of parsley
- zest of one very small lemon
- 75g (3oz) unsalted butter
- 4 slices of smoked salmon, cut into strips

Directions:

a) Wash and check the fish, removing any visible bones.

b) Put the bay leaf, salt, peppercorns, lemon peel and parsley into a saucepan large enough to take the fish and cover with water.

c) Etwa 20 Minuten leicht köcheln lassen, dann den Lachs ins Wasser absenken. 10 Minuten pochieren, dann abdecken und vom Herd nehmen.

d) Lassen Sie den Lachs stehen, bis er im heißen Wasser mit Geschmack gar ist.

e) Fisch, Haut und Filet vorsichtig entfernen und in kleine Stücke schneiden.

f) Den Vorrat abseihen und reservieren. Lassen Sie die Brühe köcheln.

g) Die Hälfte der Butter und das Öl mit der Schalotte in einer tiefen Pfanne mit schwerem Boden anbraten, bis sie gerade weich ist.

h) Fügen Sie den Reis hinzu und rösten Sie die Körner gründlich, dann fügen Sie den Wein hinzu.

i) 2 bis 3 Minuten kochen lassen, damit der Alkohol abbrennen kann, dann die heiße Lachsbrühe unter ständigem Rühren hinzufügen und immer die Flüssigkeit aufsaugen lassen, bevor Sie mehr hinzufügen.

j) Fünf Minuten vor dem Garen des Reis die gekochten Fischfilets einrühren und einige beim Durchrühren zerbrechen.

k) Wenn der Reis weich ist, den Topf vom Herd nehmen und die Butter einrühren.

l) Mit einem Deckel abdecken und 2 Minuten ruhen lassen, dann auf eine Platte geben. Zum Servieren mit gehackter Petersilie, Zitronenschale und den kleinen Räucherlachsstreifen bestreuen.

72. Langustenrisotto

Ausbeute: 4 Portionen

Zutaten

- 1½ Tasse Krebsfleisch (oder Hummer als Ersatz)
- 1 Tasse Langer Reis (Langkorn)
- 4 Unzen Speck
- 1½ Tasse weiße Soße
- 18 Austern, Perlen
- ½ Teelöffel Salz
- 2 Esslöffel trockener Sherry
- ½ Tasse Tomaten, halbiert
- 3 Zitronen, in Scheiben geschnitten
- Petersilie

Richtungen:

a) Speck aufschneiden und anbraten. Im Backofen heiß halten 2. Mit etwas Speckfett den Reis anbraten.

b) Rühren Sie den Reis während des Bratens um und braten Sie ihn, bis er braun ist.

c) Fügen Sie vier Tassen kochendes Wasser und das Salz hinzu und kochen Sie den Reis, bis er weich ist. Das Wasser abgießen und den Reis im Ofen heiß halten.

d) Machen Sie eine weiße Sauce und fügen Sie den Sherry hinzu. Dann die Flusskrebse und die Austern untermischen und mit Salz und Pfeffer abschmecken.

e) Auf einem großen Teller mit den Flusskrebsen in der Mitte und den Tomaten- und Zitronenscheiben mit Petersilie am Rand servieren.

73. Gegrilltes Rosmarin-Fisch-Risotto

Ausbeute: 1 Portionen

Zutaten

- 3 Esslöffel Olivenöl
- 2 Esslöffel Zitronensaft
- 2 Esslöffel frisch gehackter Rosmarin
- Salz und Pfeffer nach Geschmack
- 4 große Filets John Dory oder festfleischiger Fisch

Risotto

- 1 Liter Hühner-, Fisch- oder Gemüsebrühe
- 2 Esslöffel Butter oder Öl
- 1 kleine Zwiebel, fein gehackt
- 1 Knoblauchzehe, zerdrückt
- 1 Tasse Arborio-Reis
- 100ml Weißweinsaft
- Schale von 1 Zitrone

- 100g fein geriebener Parmesankäse
- Salz und frisch gemahlener schwarzer Pfeffer

Richtungen:

a) Öl, Zitronensaft, Rosmarin sowie Salz und Pfeffer vermischen. Die Fischfilets in diese Mischung geben und beiseite stellen, bis sie gebraucht werden. Zum Garen 3-4 Minuten auf jeder Seite unter einen vorgeheizten Grill stellen.

b) Die Brühe in eine Pfanne geben und leicht köcheln lassen. Das Öl in einer schweren, breiten Pfanne erhitzen, Zwiebel und Knoblauch dazugeben und vorsichtig dünsten, bis sie weich sind. Fügen Sie den Reis hinzu und werfen Sie ihn gut um, um ihn mit dem Öl oder der Butter zu bedecken.

c) Wein einrühren und köcheln lassen, bis er aufgesogen ist, dann etwas Brühe angießen. Rühren Sie ständig um und fügen Sie die Brühe hinzu, während sie in den Reis aufgenommen wird.

d) Nach ca. 25 Minuten sollte das Risotto den größten Teil der Brühe aufgesogen haben und gar und cremig sein.

e) Zitronensaft und Parmesanschale dazugeben, salzen und pfeffern.

f) Nach dem richtigen Würzen abschmecken und sofort zum gegrillten Fisch servieren.

74. Graubarbenrisotto

Ausbeute: 4 Portionen

Zutaten

- 4 Filets Graubarbe getrimmt
- 55 Gramm Canaroli-Reis
- 30 Gramm Butter
- 1 kleine Schalotte; fein gehackt
- 1 Dessertlöffel blanchierter gehackter Rosmarin
- 290 Milliliter Wasser oder Brühe
- 1 Muskatnuss; gerieben
- 290 Milliliter Fischfond
- 1 kleine Schalotte; grob gehackt
- 110 Gramm ungesalzene Butter

Richtungen:

g) Öl, Zitronensaft, Rosmarin sowie Salz und Pfeffer vermischen. Die Fischfilets in diese Mischung geben und beiseite stellen, bis sie gebraucht werden. Zum Garen 3-4 Minuten auf jeder Seite unter einen vorgeheizten Grill stellen.

a) Die Schalotte einige Minuten in der Butter anschwitzen, den Reis dazugeben, würzen und kochen, bis sie ein nussiges Aroma verströmt. Fügen Sie die Brühe nach und nach hinzu und warten Sie, bis jede Zugabe absorbiert wurde, bis mehr hinzugefügt wird.

b) Wenn die Brühe aufgebraucht ist, den Reis vom Herd nehmen und den Rosmarin einrühren.

c) Schalotte und Muskatnuss in etwa einer halben Unze Butter anschwitzen.

d) Fischfond hinzugeben und auf ein Drittel reduzieren, restliche Butter würfeln und nach und nach in die kochende Sauce einrühren, würzen und abseihen.

e) Das Fleisch des Fisches in einer heißen Pfanne anbraten und dann mit der Hautseite nach oben unter einem einigermaßen heißen Grill braten. Dies sollte 5-8 Minuten dauern.

f) Zum Servieren etwas Risotto in die Mitte des Tellers geben, darauf fischen und mit Soße umgießen.

75. Curry-Hummer-Risotto

Ausbeute: 1 Portionen

Zutaten

- 2 Pfund Hummer gekocht, entbeint
- 1½ Teelöffel Erdnussöl
- 4 kleine Schalotten; gewürfelt
- 2 mittelgroße spanische Zwiebeln; gewürfelt
- ½ Karotte; fein gewürfelt
- 1 Selleriestange; fein gewürfelt
- 1 Teelöffel frische Ingwerwurzel; fein gewürfelt
- 2 Knoblauchzehen; gehackt
- 2 Teelöffel Currypulver; Westindien
- 1 Tasse Arborio-Reis nach italienischer Art
- 3 Roma-Tomaten; schälen/entkernt
- 8 Tassen Hühner- oder Hummerbrühe

- ½ Esslöffel gehackter Koriander
- 1 Esslöffel Thai-Basilikum oder Regular
- 2 Esslöffel Parmesankäse
- 1½ Esslöffel ungesalzene Butter
- ½ Tasse Papaya; gewürfelt
- ½ Tasse Mango; gewürfelt
- ½ Banane; geschnitten
- Salz nach Geschmack

Richtungen:

h) Öl, Zitronensaft, Rosmarin sowie Salz und Pfeffer vermischen. Die Fischfilets in diese Mischung geben und beiseite stellen, bis sie gebraucht werden. Zum Garen 3-4 Minuten auf jeder Seite unter einen vorgeheizten Grill stellen.

a) Erdnussöl erhitzen und Schalotten, Zwiebeln, Karotten, Sellerie, Ingwer, Knoblauch, Currypulver und Reis anschwitzen, bis das Gemüse weich ist.

Tomaten und die Hälfte der Brühe hinzufügen.

b) Zum Kochen bringen. Hitze reduzieren, ohne Deckel köcheln lassen, dabei gelegentlich umrühren. Reduzieren, bis der Vorrat fast aufgebraucht ist. Restliche Brühe hinzufügen und Vorgang wiederholen, bis der Reis al dente ist und die Brühe verdampft ist. Restliche Zutaten hinzufügen. Bei starker Hitze gut mischen.

c) Mit Salz abschmecken und das Hummerfleisch dazugeben. Umrühren und sofort servieren.

76. Risotto mit Krabbenfleisch

Yield: 6 servings

Ingredients

- 3 tablespoons Butter
- 1 small Onion, minced
- 1½ cup Arborio rice
- 5 cups Chicken stock
- ½ cup Whipping cream
- 3½ ounce Fresh goat cheese
- 8 ounces Crabmeat
- ⅓ cup Chopped fresh basil

Directions:

a) Mix the oil, lemon juice, rosemary and salt and pepper together.

b) Place the fish fillets in this mixture and keep aside until needed. To cook, place under a heated grill for 3-4 minutes each side.

c) Melt butter in heavy large saucepan over medium heat. Add minced onion and sauté until translucent, about 3 minutes.

d) Add rice and sauté 1 minute. Add 1 cup chicken stock to rice, reduce heat and simmer until liquid is absorbed, stirring frequently.

e) Fahren Sie fort, genügend restliche Hühnerbrühe zuzugeben, 1 Tasse auf einmal, bis der Reis gerade zart, aber noch bissfest ist. Rühren Sie häufig und lassen Sie jede Zugabe einziehen, bevor Sie die nächste hinzufügen, etwa 20 Minuten. Schlagsahne hinzufügen und 2 Minuten köcheln lassen.

f) Ziegenkäse, dann Krabbenfleisch und gehacktes Basilikum untermischen. Risotto mit Salz und Pfeffer abschmecken.

77. Garnelen & süßes Cicely-Risotto

Ausbeute: 4 Portionen

Zutaten:

- 550 Gramm Head-on rohe Garnelen
- $1\frac{1}{4}$ Liter Gemüse- oder Hühnerbrühe
- 85 Gramm ungesalzene Butter
- 2 Schalotten; gehackt
- 2 Knoblauchzehen; gehackt
- 300 Gramm Risottoreis
- 1 kleiner Zweig Rosmarin; 4 cm lang
- 1 Lorbeerblatt
- 250 Gramm reife Tomaten, gehackt
- 1 großes Glas trockener Weißwein
- 2 Esslöffel gehackte Petersilie
- 3 Esslöffel gehackte süße Cicely
- 30 Gramm Parmesankäse; frisch gerieben
- Salz und Pfeffer

Richtungen:

a) Die Garnelen schälen, das Fleisch behalten. 15 g Butter in einer Pfanne erhitzen, die groß genug für die Brühe ist.

b) Beim Aufschäumen die Garnelenschalen und -köpfe dazugeben und umrühren, bis sie ein hübsches Schalentierrosa werden. Brühe und 600 ml / 1 Pint Wasser hinzufügen und aufkochen. 30 Minuten köcheln lassen, um das Garnelenaroma herauszulösen und abseihen.

c) Für die Garnelen: Wenn Sie eine schwarze Linie am Rücken sehen können, schneiden Sie mit der Spitze eines scharfen Messers den Rücken hinunter und entfernen Sie den feinen schwarzen Darm direkt unter der Oberfläche. Wenn es sich um Tiger, König oder eine Art Großgarnelen handelt, halbieren oder dritteln Sie jede einzelne.

d) Die Brühe bei Bedarf noch einmal aufkochen und die Hitze auf einen Faden reduzieren, damit sie heiß bleibt und nicht verkocht. 45 g restliche Butter in einer weiten Pfanne schmelzen.

e) Die Schalotten und den Knoblauch in der Butter sehr vorsichtig anbraten, bis sie glasig sind, ohne zu bräunen. Rosmarin, Reis und Lorbeerblatt in die Pfanne geben und etwa eine Minute rühren, bis der Reis glasig wird.

f) Tomaten, Petersilie und Wein dazugeben. Mit Salz und reichlich Pfeffer würzen und zum Köcheln bringen. Rühren Sie die Reismischung kontinuierlich um, bis die gesamte Flüssigkeit aufgesogen ist. Eine großzügige Schöpfkelle Brühe dazugeben und umrühren, bis auch alles aufgesogen ist.

g) Wiederholen, bis der Reis weich ist, aber mit einer leichten Festigkeit, aber definitiv nicht kalkhaltig. Die Konsistenz sollte fast suppig sein, da es noch ein paar Minuten dauert.

h) Die Zeit zum Aufsaugen der Flüssigkeit und zum Garen des Reis sollte etwa 20-25 Minuten betragen.

i) Zum Schluss die Garnelen und die süße Cicely unterrühren und unter Rühren weitere 2-3 Minuten kochen, bis die Garnelen rosa geworden sind. Restliche Butter und Parmesan einrühren, abschmecken und nachwürzen und servieren.

78. Risotto mit Calamari

Ausbeute: 1 Portionen

Zutaten:

- 1½ Pfund Tintenfisch mit Tentakeln
- 4 Esslöffel Olivenöl
- 1 große Zwiebel; gehackt
- 1 Stück Pimiento; gehackt
- 1 jede Tomate; geschält, gehackt
- 2 Knoblauchzehe; gehackt
- 1 Esslöffel Petersilie, gehackt
- Koscheres Salz; schmecken
- Pfeffer; schmecken
- 1 Prise Safranfäden
- ½ jeder Chilischote, entdarmt; zerbröckelt
- ¼ Tasse trockener Rotwein
- 2 Tassen Kurzkornreis

- 3 Tassen Fischbrühe oder Saft, zum Kochen erhitzt

- je 1 Pimiento, in Streifen geschnitten

Knoblauchsoße

- 3 Knoblauchzehen, zerdrückt

- ½ Tasse Olivenöl

Richtungen:

a) Reinigen Sie die Tintenfische und bewahren Sie ihre Tintenbeutel und die Tentakel auf. Schneiden Sie den Tintenfisch in ½ Zoll breite Ringe oder in Stücke. Hacken Sie die Tentakel.

b) In einer breiten, flachen Kasserolle, vorzugsweise aus Steingut und etwa 12 Zoll Durchmesser, das Öl erhitzen und die Zwiebel anbraten, bis sie zusammenfällt.

c) Die Tintenfischringe und Tentakel hinzufügen und 5 Minuten anbraten; Fügen Sie dann das gehackte Pimiento, die Tomate, den Knoblauch, die Petersilie, das Salz, den Pfeffer, den Safran und die Chilischote hinzu.

d) Abdecken und 30 Minuten köcheln lassen. Brechen Sie die Tintenbeutel in eine Tasse und mischen Sie sie mit dem Wein. Diese Mischung mehrmals durch ein Sieb streichen, bis der größte Teil der Tinte herausgezogen ist. Reservieren.

e) Add the rice and boiling hot broth to the casserole and stir in the ink mixture. Season with salt and pepper. Bring to a boil and cook over medium-high heat, uncovered, and stirring occasionally, for 10 minutes, or until the rice is no longer soupy but some liquid remains.

f) Decorate with the pimiento strips and transfer to a 325-degree oven. Bake for 15 minutes, uncovered, until the liquid is absorbed but the rice is not quite done. Remove from the oven, cover lightly with foil and let sit for 10 minutes.

g) While the rice is resting, make the garlic sauce. Place the crushed garlic in a processor or blender. Very gradually,

with the motor running, pour in the oil.
Blend until smooth. Serve separately.

79. Monkfish risotto with saffron

Yield: 1 servings

Ingredients:

- 6 smalls Fill monkfish
- Rice
- 1 Sachet of saffron
- 2 tablespoons Butter
- 1 Fish stock cube
- Marinated oil; or olive oil for frying
- Sea salt; a sprinkle
- Pepper; a sprinkle

Directions:

a) Boil rice according to packet instructions, add the fish stock and saffron.

b) Add the butter when ready.

c) Place the fish pieces onto a griddle and cook on hob on both sides for about 10 minutes.

d) Sprinkle sea salt and pepper on the fish and drizzle some of the marinated oil, or just olive oil.

e) Mix the rice and the fish to make a risotto.

80. Risotto marinara

Yield: 1 servings

Ingredients:

- 1 tablespoon Olive oil
- 2 Cloves garlic; minced
- 200 grams Calamari; washed
- 200 grams Raw green prawns; heads and shells removed
- 1 200 gram fillet Atlantic salmon; diced
- ½ cup Minced parsley
- 1 tablespoon Olive oil
- 10 Spring onions; chopped
- 400 grams Ferron rice
- 300 millilitres Dry white wine
- 800 millilitres Rich fish stock; simmering
- 4 Roma tomatoes; finely chopped
- 1 tablespoon Sour cream
- 2 tablespoons Grated parmesan cheese

- ½ cup Finely chopped parsley

Directions:

a) Heat the olive oil and gently sauté the garlic.

b) Add the prepared seafood and cook briefly until the fish and shellfish is opaque, adding the parsley at the last moment. Remove from heat and set aside.

c) Heat the remaining tablespoon of olive oil and sauté the spring onions. Add the rice, stirring to coat.

d) Add the white wine and allow it to be absorbed then add the first addition of fish stock together with the finely chopped tomatoes.

e) Continue cooking, adding further additions of stock as the previous one is absorbed.

f) When there is only a small quantity of stock left, add the cooked fish mixture and all its juices with the last addition of stock and continue simmering for about 2 minutes, or until most of the liquid is absorbed.

g) Add sour cream, cheese and parsley, stir well to incorporate and serve immediately.

81. Risotto scampi

Yield: 6 Servings

Ingredients:

- ½ pounds Shrimp -- peeled
- 1 Clove garlic -- minced
- 3 tablespoons Lemon juice
- 1 tablespoon Parsley -- finely chopped
- 3 tablespoons Butter
- 1 Clove garlic -- minced
- 1 small Onion -- finely chopped
- 1¼ cup Chicken stock
- ½ cup White wine
- 1 cup Arborio rice
- ¼ cup Parmesan cheese -- grated

Directions:

a) TO PREPARE PRAWNS: Peel, de-vein, and cut in half. Toss with lemon juice, garlic, and parsley.

b) Place in glass dish and microwave for 3 minutes on high. Set aside.

c) TO PREPARE RISOTTO: In glass serving dish, combine butter, garlic and onion. Cook on high 2-3 minutes. Stir in rice to coat. Add in heated broth and wine. Cover and cook on high 6 minutes until boiling.

d) Reduce high to medium and cook another 6 minutes. Stir in prawns an d their juice and cook 3 minutes on high. Mix in cheese and let stand 5 minutes.

CHEESE RISOTTO

82. Cheesy corn risotto bake

Yield: 4 Servings

Ingredients:

- 1 tablespoon Butter
- 1 Onion, chopped
- 1 cup Sweet red pepper, chopped
- 1 cup Sweet green pepper, chopped
- 1 cup Arborio or short-grain rice
- $1\frac{1}{2}$ cup Hot water
- 2 cups Corn kernels
- 1 cup Milk
- 1 Egg
- 2 teaspoons All-purpose flour
- $1\frac{1}{4}$ teaspoon Salt
- $\frac{3}{4}$ teaspoon Pepper
- 2 cups White Old Cheddar, shredded
- $\frac{1}{3}$ cup Fresh basil, chopped

- 1 Tomato, sliced
- 1 tablespoon Parmesan, freshly grated

Directions:

a) In large saucepan, melt butter over medium heat; cook onion and red and green peppers, stirring occasionally, for 5 minutes. Add rice; cook, stirring, for 1 minute. Add water and corn; bring to boil.

b) Reduce heat to low; cover and cook for about 15 minutes or until liquid is absorbed.

c) Whisk together milk, egg, flour, salt and pepper; stir into rice mixture along with Cheddar and basil. Pour into greased 8-inch square baking dish. Arrange tomato slices over top; sprinkle with Parmesan.

d) Bake on baking sheet in 350F 180C oven for 25-35 minutes or until liquid is absorbed. Let stand for 5 minutes.

83. Iotian risotto

Yield: 6 Servings

Ingredients

- 4 tablespoons Butter
- 2½ cup Onions; chop
- 2½ cup Raw long-grain rice
- 1 cup Dry white wine
- 5 cups Chicken broth
- 1½ teaspoon Salt
- ½ pounds Swiss cheese; grate
- 2 tablespoons Butter
- 7 ounces Can mushrooms
- 2 tablespoons Parsley; chop

Directions:

a) Melt the butter in a 4-quart pot and fry the onions in it until golden. Add the rice, stirring until it is well-coated with butter.

b) Add the white wine and broth (which can be part chicken broth and part water) and salt.

c) Bring to a boil, cover and simmer until the rice is tender. The liquid will be absorbed, but the rice will not be dry and fluffy. Cooking time from when the rice starts to boil until it is tender should be about 20 minutes.

d) Add the Swiss cheese, stirring to mix it in well and to melt it.

e) Take the pot off the heat and set aside, covered. Melt the butter in the saucepan and add the drained mushrooms.

f) Cook them a few minutes until they are thoroughly hot. Do not brown them.

g) Put the cooked rice in a large bowl, sprinkle with the parsley and then pour the mushrooms over all. Serve immediately.

84. Couscous risotto with pecorino

Yield: 1 Servings

Ingredients

- ⅓ cup Shallots Or Green Onions, chopped
- 1 tablespoon Slivered Garlic
- 2 cups Shiitake Mushrooms, sliced, stems remove
- 2 tablespoons Olive Oil
- 2 cups Israeli Type Couscous (Large)
- ½ cup Dry White Wine
- 4 cups Rich Chicken Or Vegetable Stock
- 1 Tablespoon Lemon Zest, grated
- ½ cup Firm Ripe Tomato, seeded, diced
- ¼ cup Chives, chopped
- ½ cup Pecorino Cheese, freshly grated
- Fresh Wild Mushrooms, Grilled
- Grilled Scallions

Directions:

a) Sauté the shallots, garlic and shiitake in olive oil until lightly colored. Add the couscous and sauté for a minute or two longer. Add the wine and 1 cup of the stock and stir occasionally until liquid is absorbed.

b) Add remaining stock and continue to cook and stir occasionally until stock is nearly absorbed (about 10 minutes). Stir in lemon zest, tomatoes, chives and cheese and serve immediately in warm bowls topped with grilled mushrooms and scallions if using.

85. Risotto milanese

Yield: 1 Servings

Ingredients

- 1 medium 1% Milk; chopped
- 5 tablespoons Butter
- 3 tablespoons Olive oil
- 2 cups Arborio rice
- ¾ cup White wine
- ½ cup Reggiano parmesan
- 6 cups Stock; (up to 8)
- 1 pinch Saffron

Directions:

a) Heat the stock to boiling, then reduce heat to warm, so it's just below simmering for the whole operation. Take out about ½ C of stock, and add a quite a large pinch of crushed saffron into it.

b) In your risotto pan, gently melt 3 T butter together with 3 T olive oil. Then add onion, increase heat to low and sauté until onions are soft and just turn golden. Stir, increasingly toward the end, so they don't burn. While that's happening, grate about $\frac{1}{2}$ C of cheese.

c) When the onions are done, add in the rice, turn up the heat to medium, and stir for about 3 minutes until the rice looks jewelled.

d) Add in the wine and let it sizzle and steam away. Start adding the stock, about a cup a a time. Add it, stirring constantly, and let it absorb, then add another cup, and so on, until it's al dente.

e) As the rice nears completion (and gets creamy), you might want to add the stock a half cup at a time so it doesn't turn out too watery.

f) Add the stock with saffron in it about 20 minutes in.

g) The risotto is done when it's cooked but al dente. Taste constantly as you go to monitor. Turn off the heat. Stir in the cheese and the remaining butter. Stir.

h) Adjust salt. Serve with remaining wine.

86. Three cheese risotto

Yield: 8 servings

Ingredients

- 1 tablespoon olive oil
- 1 cup chopped onions
- 1 salt; to taste
- 1 freshly-ground white pepper; to taste
- 6 cup chicken stock
- 2 teaspoon chopped garlic
- 1 pounds arborio rice
- 1 tablespoon butter
- ¼ cup heavy cream
- ¼ cup grated parmigiano-reggiano cheese
- ¼ cup grated romano cheese
- ¼ cup grated Asiago cheese
- 2 tablespoon chopped chives

Directions:

a) In a large sauté pan, over medium heat, add the olive oil. When the oil is hot, add the onion and season with salt and pepper.

b) Sauté for 3 minutes, or until the onions are slightly soft. Add the stock and garlic. Bring the liquid to a boil and reduce to a simmer. Cook for 6 minutes.

c) Add the rice and simmer for 18 minutes, stirring constantly, or until the mixture is creamy and bubbly. Add the butter, cream, cheese and chives. Season with salt and pepper. Simmer for 2 minutes and serve immediately.

87. Jalapeño risotto with jack cheese

Yield: 6 Servings

Ingredients

- 6 cups Unsalted chicken stock
- ½ cup Unsalted butter
- 1 cup Minced onion
- 6 mediums Jalapeño peppers; seed/mince
- 1 Clove garlic; minced
- 1½ cup Arborio rice
- 1 cup Dry Jack cheese

Directions:

a) In heavy saucepan, bring stock to boil over high heat. Remove from heat and keep warm.

b) In large heavy saucepan, melt butter over moderately low heat. Add onion, jalapeño and garlic and cook, stirring occasionally, until softened, 6 to 8 minutes. Add rice and stir to coat well with butter.

c) Stir in 1 cup hot stock and cook, stirring, until liquid is absorbed, 10 to 12 minutes.

d) Continue to cook risotto, adding hot stock, $\frac{1}{2}$ cup at a time, and stirring until absorbed and grains are just tender but still firm to bite, 30 to 40 minutes.

e) Grate cheese. Stir $\frac{1}{3}$ cup cheese into risotto. Cover and let stand 3 minutes. Serve on plates and pass remaining cheese and pepper mill separately. Serves 6 as first course.

88. Risotto with four cheeses

Serves 4

Ingredients:

- 75g (3oz) unsalted butter
- 5 tablespoons grated Grana Padano cheese
- 1 small to medium sized onion, peeled and finely chopped
- 40g (1 1/2 oz) Fontina cheese, cubed
- 350g (12oz) Vialone Nano rice
- 40g (1 1/2 oz) Emmenthal cheese, cubed
- 1.2 litres (2 pints) stock
- 25g (1oz) Gorgonzola or Dolcelatte
- Sea salt and freshly ground black pepper

Directions:

a) Fry the onion in half the butter for about 10 minutes over a very low heat, or until the onion is soft but not coloured.

b) Stir in the rice and toast the grains thoroughly on all sides, so that they are opaque but not coloured.

c) Add the first ladleful of hot stock and stir it in.

d) Then continue as normal, adding the stock, letting the rice absorb the liquid and all its flavour, stirring constantly.

e) When the rice is almost completely soft and creamy, stir in all the cheese and the rest of the butter.

f) Taste and adjust seasoning, then cover and rest for about 3 minutes before transferring on to a platter to serve.

89. Leek and mascarpone risotto

Yield: 1 servings

Ingredients:

- 3½ pint Vegetable or chicken stock
- 3 ounces Unsalted butter
- 4 Leeks; sliced (white part
- ; only)
- 1 teaspoon Chopped thyme leaves
- 6 ounces Mascarpone cheese
- 2 Onions; finely chopped
- 1 pounds Arborio or cararoni rice
- 1 Glass dry white wine
- 3 ounces Grated parmesan
- 4 tablespoons Chopped parsley
- Salt and ground black pepper
- Sunflower seeds; toasted

Directions:

a) Melt half the butter in a pan, add the onions, thyme and leeks and sweat them down for 5-6 minutes. Add the rice and cook until completely coated with butter.

b) Pour in the wine, stir then add the stock gradually and cook for about 15 minutes. Then stir in the mascarpone cheese, followed by the parmesan.

c) Add the chopped parsley and the rest of the butter to give a silky shine to the dish. Season with ground black pepper and salt and stir again.

d) Ladle the risotto into a dish and garnish with parsley and toasted sunflower seeds.

90. Pesto walnut risotto

Yield: 4 Servings

Ingredients:

- 1½ tablespoon Vegetable oil
- ¾ cup Onion, chopped
- 1 cup Arborio rice
- 3 cups Low-fat chicken broth
- ¼ cup Almost Non-fat Pesto
- ½ cup Walnuts
- ¾ cup Parmesan cheese
- Freshly ground black pepper

Directions:

a) Heat oil in 2-quart microwave-safe dish on High for 2 minutes. Stir in onion and cook on High for 2:30. Stir in rice to coat with oil and cook 1:30. Add 2 cups of broth and cook on high for 14 minutes, stirring once.

b) Add remaining broth and pesto and cook for 12 minutes, stirring once. Test for doneness during last few minutes of cooking. Remove from microwave and stir in walnuts and Parmesan. Serve immediately.

91. Eight-herb risotto

Yield: 4 Servings

Ingredients:

- Extra virgin olive oil
- 1 Clove garlic
- 7 ounces Non-stick rice
- 1 cup White wine
- 4 Peeled tomatoes; chopped
- Salt
- 1 Pat of butter
- 4 tablespoons Parmigiano Reggiano
- 3 tablespoons Cream
- 6 Basil leaves
- 4 Sage leaves
- 1 Tuft of parsley
- Few needles of fresh rosemary
- 1 pinch Thyme

- 1 Tuft of chives

- 3 Fresh dill sprigs

Directions:

a) Chop the herbs finely and lightly fry them in a small amount of olive oil, with the garlic.

b) Meanwhile cook the chopped tomatoes in salt water.

c) Take out the garlic and add the rice, sauté briefly and add a cup of white wine.

d) When the liquid evaporates, add the chopped tomatoes.

e) Add a pat of butter, abundant parmigiano and a few spoonfuls of cream at the end.

92. Sparkling white wine risotto

Serves 4

Ingredients:

- 1 onion, peeled and finely chopped
- 1/2 to 1 bottle Dry Spumante
- 1/4 stick celery, chopped very finely
- 1.2 litres (2 pints) chicken stock
- 75g (3oz) unsalted butter
- sea salt and freshly ground black pepper
- 400g (14 oz) preferably Arborio rice
- 50g (2oz) grated Grana Padano cheese

Directions:

a) Fry the onion and celery very gently in half the butter until soft and translucent.

b) Add all the rice and toast the grains, turning them in the butter and onion until very hot but not browned.

c) Stir in a large glass full of Spumante and stir until the alcohol has evaporated, then add more wine and repeat.

d) When all the wine, except for one final glass, has been used up and the fumes from the alcohol have been boiled off, begin to add the hot stock.

e) Stir constantly and allow all the liquid to be absorbed before adding more.

f) Continue to cook the rice in this way, stirring and making sure that the rice always absorbs the stock before you add more liquid.

g) When the risotto is creamy and velvety, but the rice grains are still firm to the bite take it off the heat and stir in the remaining butter, the cheese and the final glass of Spumante.

h) Adjust seasoning and cover for about 2 minutes, then stir gently once more and transfer on to a warmed platter.

FRUIT RISOTTO

93. Apple risotto

Yield: 1 Servings

Ingredients:

- 2 tablespoons Sweet butter; plus 2 T
- 2 tablespoons Virgin olive oil
- 1 large Red onion; finely chopped
- 2 Granny Smith apples, peeled, cored; sliced 1/8" pieces
- 1½ cup Arborio rice
- 1 cup Dry white wine
- 4 cups Homemade chicken stock
- ¼ cup Freshly grated Parmigiano-Reggiano
- 1 bunch Italian flat leaf parsley
- Salt and ground black pepper; to taste

Directions:

a) Heat 2 tablespoons sweet butter and virgin olive oil until, melted together.

b) Add onion and cook over medium heat until soft and not yet browned. Add apples and rice and cook about 3 to 4 minutes, until rice has acquired a pearly opaque quality. Add the wine and simmer until evaporated.

c) Add enough warm chicken stock to cover rice and cook until the level of the liquid goes down below the top of the rice.

d) Continue cooking, adding stock and stirring constantly until most of stock is gone, about 15 to 18 minutes.

e) Stir in the remaining 2 tablespoons butter, grated cheese and parsley and season with salt and pepper. Serve immediately with additional grated cheese on the side.

94. Mango risotto

Yield: 4 servings

Ingredients:

- 3 cups Water
- 2 cups Sugar
- 1 cup White-wine vinegar
- 1 Peeled pitted diced mango
- 1 tablespoon Olive oil
- 1 Shallot; diced
- 1 Garlic clove; minced
- 1 cup Arborio rice; rinsed
- 2 cups Chicken stock
- $1\frac{1}{2}$ tablespoon Grated Parmigiano-Reggiano
- Arugula
- $\frac{1}{4}$ cup White wine

Directions:

a) In a large bowl, place water, sugar, and vinegar. Add diced mango. Cover with plastic wrap.

b) Pickle overnight in refrigerator for a minimum of 4 to 6 hours.

c) In a medium stockpot, heat olive oil over medium heat. Add shallot, and sauté until translucent, about 2 minutes. Add garlic, sauté for an additional minute. Add rice, stirring to coat. Sauté for about 1 to 2 minutes.

d) Add chicken stock, and bring to a boil, stirring to combine. Cover stockpot with tight-fitting lid. Remove from heat. Allow the rice to absorb the liquid, about 25 minutes.

e) Heat skillet in which the duck was cooked (see Salt Cured Duck Breast) over medium-high heat. Add the risotto to the heated skillet with the duck fat.

f) Stir in pickled mango with some of the pickling liquid, grated Parmesan, a handful of arugula, and wine.

g) Sauté for 2 to 3 minutes, stirring constantly. Remove from heat. Serves 4.

95. Strawberry risotto

Yield: 4 servings

Ingredients:

- 2 cups Milk
- 2 cups Coconut milk
- ½ cup Sugar
- 1 Vanilla bean, halved
- 2 Strips lemon peel
- 2 tablespoons Butter
- ⅔ cup Arborio rice
- ½ cup Heavy cream
- 1 cup Sliced strawberries
- Lightly-toasted Flaked coconut
- Lightly-toasted sliced Almonds

Directions:

a) In a saucepan combine milks, sugar, vanilla bean and lemon zest and heat until very hot and bubbles appear around edges of pan. Reduce heat and keep warm.

b) Meanwhile, in another saucepan melt butter. When foaming subsides, add Arborio rice and stir to coat with butter.

c) Add simmering milk, $\frac{1}{2}$ cup at a time, stirring vigorously. Let each addition be absorbed before adding more. Regulate heat so milk is absorbed at a brisk simmer.

d) Stir in cream along with last addition of milk mixture and cook until partly absorbed. Remove from heat and stir in strawberries, saving a few perfect slices for garnishing. Serve in shallow bowls, sprinkled with coconut and almonds.

96. Strawberry risotto pancakes

Yield: 1 servings

Ingredients:

- Strawberries; chopped
- Arborio rice
- Chopped onions
- Butter
- Coconut milk
- Cream
- Vegetable stock
- White wine
- Ready-made pancakes
- Sugar
- Butter
- Lemon
- Oranges
- Lime

- Brandy

Directions:

a) Place some butter in a hot pan. Add the olive oil, onions and cook until brown and then add the rice and sauté.

b) Add the white wine, strawberries and vegetable stock. Mix well. In a small pan heat some more strawberries and add sugar and brandy. Add this to the risotto with some extra butter, coconut milk and single cream.

Pancakes:

c) Heat some butter in a frying pan and add the sugar, lemon, orange juice and allow to brown. Introduce the pancakes to the mixture and top with the zest of lemons, oranges and limes.

d) Add brandy and flambé, then add orange and lemon juice.

e) Serve with some coconut ice cream.

97. Pumpkin and apple risotto

Yield: 8 Servings

Ingredients:

- 2 cups Baked pumpkin; pureed
- 2 cups Apple cider; or apple juice
- 2 tablespoons Olive oil; divided
- 2 cups Arborio rice
- 2½ cup Hot water; divided, up to 3 Cups
- ½ cup Chopped onion
- ½ cup Peeled apples; seeded and diced
- ¼ cup Roasted red bell pepper; peeled, seeded, and diced
- ½ Scotch bonnet chili; seeded and minced OR 1 teaspoon bottled hot sauce
- ¼ cup Roasted poblano chili; peeled, seeded, and diced
- ½ teaspoon Ground cinnamon
- ¼ teaspoon Ground allspice

- 2 tablespoons Fresh marjoram
- 1 teaspoon Salt
- ¾ teaspoon Freshly ground black pepper
- ¼ cup Shelled pumpkin seeds

Directions:

a) Place 1 cup pumpkin puree in saucepan with cider or juice. Bring to a simmer, cook until hot, about 2 minutes. Set aside, keep warm.

b) In separate saucepan, heat half of oil over medium-low heat. Add rice; sauté until each grain is coated with oil. Stir in 2 cups hot water; bring to simmer. continue cooking and stirring until most of the water is absorbed.

c) Add pumpkin-cider mixture ¼ cup at a time, alternating with remaining hot water, stirring and cooking slowly between each addition until liquid is absorbed and rice is al dente, about 20 minutes. Remove from heat; keep warm.

d) In medium sauté pan, heat remaining oil over medium-low heat. Sauté onion until soft, about 2 minutes. Add apple; cook 1 tO 2 minutes more. Stir in bell pepper, chilies, dry spices and remaining pumpkin puree.

e) Stir mixture into hot rice. Just before serving, stir in pumpkin seeds and adjust seasoning. Makes 8 to 10 servings.

98. Orange flavoured risotto

Yield: 4 servings

Ingredients:

- 1 medium Onion, chopped
- 2 tablespoons Vegetable oil
- 1 cup Brown rice
- 4 cups Vegetable stock
- 1 pounds Firm tofu, cut into strips
- 1 small Can water chestnuts, drained rinsed & thinly sliced
- ½ cup Raisins
- 2 teaspoons Tamari
- 1 Orange, juiced & rind grated
- 1 dash Cinnamon
- 2 tablespoons Parsley, chopped
- Salt & pepper, to taste
- 4 tablespoons Cashews

Directions:

a) Sauté the onion in the oil over moderate heat for 2 to 3 minutes, stirring occasionally. Stir in the rice & cook for 1 minute. Pour in the stock, cover & bring to a boil. Reduce heat & simmer for 40 minutes.

b) While the rice is cooking, mix together the tofu strips, water chestnuts, raisins, tamari, orange rind & juice. Add the cinnamon & parsley. Set aside.

c) When the rice has cooked, stir in the tofu mixture & gently heat through. Season with salt & pepper. Serve hot garnished with the nuts.

99. Risotto mit Pfirsich und Rosinen

Ausbeute: 4 Portionen

Zutaten:

- 2 Packungen Gefrorene Pfirsiche in Sirup
- Aufgetaut (jeweils 10 oz)
- 4 Esslöffel ungesalzene Butter oder
- Margarine
- $\frac{1}{2}$ Tasse Johannisbeeren
- 1 Tasse Arborio-Reis
- 2 Esslöffel dunkler Rum
- 2 Esslöffel Kristallzucker
- $\frac{1}{2}$ Tasse Sahne
- brauner Zucker

Richtungen:

a) Pfirsiche abtropfen lassen, Sirup auffangen. Pfirsiche in $\frac{1}{2}$-Zoll-Stücke schneiden. In einem mittelgroßen Topf den Sirup mit genug Wasser mischen, um 4 Tassen zu messen.

b) Zum Köcheln bringen und bei mäßiger Hitze köcheln lassen. In einem großen, nicht reaktiven Topf oder einer feuerfesten Kasserolle 2 Esslöffel Butter bei mäßiger Hitze schmelzen.

c) Johannisbeeren zugeben und 2 Minuten kochen. Reis hinzufügen und 1-2 Minuten rühren, bis er gut mit der Butter überzogen und leicht durchscheinend ist. Rum hinzufügen und kochen, bis er verdampft ist.

d) Fügen Sie $\frac{1}{2}$ Tasse des siedenden Sirups hinzu und kochen Sie unter ständigem Rühren, bis der Reis den größten Teil der Flüssigkeit aufgenommen hat. Passen Sie die Hitze bei Bedarf an, um ein Köcheln aufrechtzuerhalten.

e) Nach und nach Sirup hinzufügen, jeweils $\frac{1}{2}$ Tasse, unter ständigem Rühren kochen, bis der Reis fertig ist. Kristallzucker, die reservierten Pfirsiche und die Sahne hinzufügen.

f) Weiter kochen, umrühren und nach Bedarf Sirup hinzufügen, jeweils $\frac{1}{4}$ Tasse, bis der Reis weich, aber noch fest ist und mit einer cremigen Sauce verbunden ist, 3-6 Minuten länger.

g) Die restlichen 2 EL Butter einrühren und sofort servieren. Geben Sie eine Schüssel mit braunem Zucker separat.

100. Zitrusrisotto

Ausbeute: 2 Portionen

Zutaten

- ½ Esslöffel Olivenöl
- 1 Knoblauchzehen
- ½ Zwiebel
- ¾ Tasse Kurzkornreis
- 1 Teelöffel abgeriebene Zitronenschale
- 1 Teelöffel geriebene Orangenschale
- ⅛ Tasse Zitronensaft
- ¼ Tasse Orangensaft
- 1 ¾ Tasse heißes Gemüse. Brühe oder Wasser
- ½ Esslöffel geriebene Orangenschale
- ½ Esslöffel geriebene Zitronenschale

Richtungen:

a) Das Öl in einer großen Pfanne erhitzen. Knoblauch und Zwiebel zugeben und bei schwacher Hitze 2-3 Minuten braten. Reis einrühren und darauf achten, dass die Körner gut mit dem Öl umhüllt sind.

b) Die abgeriebene Zitronen- und Orangenschale, Säfte, Brühe oder Wasser hinzufügen.

c) Zum Kochen bringen und dann die Hitze auf ein Köcheln reduzieren.

d) Bedecken Sie und kochen Sie für 25 Minuten oder bis der Reis zart ist.

e) Legen Sie den Reis auf einen Servierplatz und garnieren Sie ihn mit der geriebenen Orangen- und Zitronenschale.

f) Sofort servieren

FAZIT

JEDE KLEINE PFLANZE enthält 100 bis 200 Reiskörner. Es ist ein Getreide, und wie alle Getreide besteht WAS aus Stärke, die im Wesentlichen ein Kohlenhydrat ist. Dadurch ist es sehr nahrhaft, da es reich an Proteinen, Vitaminen, Mineral- und Ballaststoffen ist und leicht verdaulich ist. Im Gegensatz zu anderen

REIS? Getreide, Reis enthält kein Gluten und ist daher ideal für Zöliakiekranke und Weizenunverträglichkeiten.